北京大学·复旦大学·吉林大学·中山大学
国家治理协同创新中心

华东政法大学
中国社会公共安全研究中心

中国社会公共安全研究报告

Advances in China Public Security

主　编　杜志淳　张明军
副主编　汪伟全

第14辑

2019年第1期

图书在版编目(CIP)数据

中国社会公共安全研究报告. 第 14 辑/杜志淳,张明军主编. —北京:北京大学出版社,2019.10
ISBN 978-7-301-30950-6

Ⅰ. ①中… Ⅱ. ①杜… ②张… Ⅲ. ①公共安全—社会管理—研究报告—中国 Ⅳ. ①D63

中国版本图书馆 CIP 数据核字(2019)第 253955 号

书　　　名	中国社会公共安全研究报告·第 14 辑
	ZHONGGUO SHEHUI GONGGONG ANQUAN YANJIU BAOGAO·DI-SHISI JI
著作责任者	杜志淳　张明军　主编
责任编辑	尹　璐
标准书号	ISBN 978-7-301-30950-6
出版发行	北京大学出版社
地　　　址	北京市海淀区成府路 205 号　100871
网　　　址	http://www.pup.cn　新浪微博:@北京大学出版社
电子信箱	sdyy_2005@126.com
电　　　话	邮购部 010-62752015　发行部 010-62750672　编辑部 021-62071998
印　刷　者	北京虎彩文化传播有限公司
经　销　者	新华书店
	787 毫米×1092 毫米　16 开本　9.75 印张　180 千字
	2019 年 10 月第 1 版　2019 年 10 月第 1 次印刷
定　　　价	48.00 元

未经许可,不得以任何方式复制或抄袭本书之部分或全部内容。
版权所有,侵权必究
举报电话:010-62752024　电子信箱:fd@pup.pku.edu.cn
图书如有印装质量问题,请与出版部联系,电话:010-62756370

编委会

主　　任　杜志淳
副 主 任　杨正鸣　何明升　张明军
编　　委　于建嵘　李连江　高小平　王教生
　　　　　陆卫东　娄成武　朱正威　佘　廉
　　　　　竺乾威　陈振明　倪　星　王永全
　　　　　杨　龙　项继权　朱立言　沈忠新
　　　　　陈　平　郭秀云　杨正鸣　何明升
　　　　　张明军　倪　铁
主　　编　杜志淳　张明军
副 主 编　汪伟全
编　　辑　郭秀云　吴新叶　汪伟全
　　　　　易承志　郑　谦

投稿信箱：hzggy021@126.com
投稿地址：上海市龙源路 555 号华东政法大学集英楼 B309 室

目录 Contents

特约专栏

政府回应视阈下"涉官"舆情中的民众责任归因逻辑
………………………………………………………… 文　宏　李风山 / 003

家庭环境影响校园欺凌行为的性别差异研究 ………… 张桂蓉　李婉灵 / 017

网络安全研究

公共空间盲区：网络舆情治理绩效的因果链条
　　——基于 CNA 方法的实证研究 ……………………… 郎　玫　简楠韬 / 041

制度规范与网络社会公共安全治理
　　——逻辑、特征及路径 …………………………………………… 李志强 / 059

环境风险与治理

公众环境风险应对行为的类型划分及动态演变 ……………………… 张霞飞 / 079

社会风险与治理

越轨非营利团体的内部治理结构研究
　　………………………〔美〕大卫·霍顿·史密斯（David Horton Smith）著
　　　　　　　　　　　　　　　　　　　　　　　　　　　王仙菊 译 / 099

为特大城市社会风险治理和国家安全学科建设提供基础
　　知识服务 ………………………………………………………… 居德华 / 110

当代中国医患冲突预警机制的困境与对策
　　——基于多方主体的分析 ………………………………………… 赖　天 / 118

案例分析

澳门特区应对"天鸽"台风灾害的协同治理机制研究
　　………………………………………………… 叶桂平　王　心　申丽霞 / 143

特约专栏

政府回应视阈下"涉官"舆情中的民众责任归因逻辑*

文 宏 李风山**

摘 要：在"涉官"网络舆情事件中，网民通常将责任归因于政府，这种行为本质是一种归因偏差。厘清民众的责任归因逻辑有助于提升政府回应的能力和水平。本文基于舆情传播过程，从新闻学和心理学视角对民众责任归因逻辑进行考察。研究发现，在舆情回应主体上，政府对"涉官"舆情事件的认知不清、回应方式和回应速度受限，导致权威信息难以传播，民众责任归因被强化。在信息传播渠道上，官方媒体和社会媒体之间的信息竞争决定了网民最初接收到的信息，并在首因效应作用下，民众责任归因认知基本形成。在事件信息异化上，受经济利益或流量驱动，网络意见领袖刻意引导、社会媒体传播信息缺乏真实性保障、谣言的生发与扩散促使民众出现错误归因。在舆情回应客体上，民众自身选择性接受信息、对政府回应的质疑以及归因心理的从众性，形成了一套关于舆情责任归因于政府的心理机制。

关键词：政府回应；"涉官"舆情；责任归因；政府信任

一、问题的提出

网络舆情事件的爆发冲击了社会稳定结构，给各级政府带来了治理难题。特别

---

* 本文系国家社科重大专项课题"社会稳定风险及对策研究"（项目编号：17VZL017）；教育部社科重大攻关项目"大数据驱动的城市公共安全风险研究"（项目编号：16JZD023）阶段性成果。

** 文宏，华南理工大学公共管理学院教授、博士生导师，华南理工大学社会治理中心执行主任，主要研究领域：社会风险与政府治理。李风山，华南理工大学公共管理学院社会治理研究中心专职研究人员，主要研究领域：社会风险。

是近些年来，我国网络舆情事件频发。长生疫苗事件、红黄蓝幼儿园虐童事件、雪乡事件、"严书记女儿"事件等引发了大规模、长时间的网民讨论，形成了巨大的网络舆情场域。"涉官"舆情事件更是引发热议，许多网民总是认为根本原因在于政府监督不到位、处理不得当、没有依法履职等，政府应当为"涉官"舆情事件买单。"涉官"舆情事件的频发，促使网民逐渐形成了这样一种认知：如果事件失真政府辟谣，则会认为"凡是政府辟谣的就一定是事实，凡是官方发布的就一定有黑幕"。政府辟谣只是其尽快平息舆论热潮、规避舆论压力的技术手段①，实际上损害了公众知情权和公共利益。进而网民情绪会进一步被点燃，引发舆论反弹，加剧政府信任危机。如果事件属实政府如实回应，又会被归结为政府和体制的错。甚至当政府不回应时，又会被网民认为是政府在默认舆情事件的真实性，同样把责任归因于政府。与此同时，政务舆情回应问责制度的建立又明确了政府处置和回应政务舆情的治理责任。面对"涉官"舆情事件，政府无论是回应，还是不回应，或是作何回应，民众总是存在归因偏差，对政府充满不信任。"涉官"舆情事件的政府回应陷入了两难困境。

面对"涉官"舆情事件，网民的负面心态和思维导致其形成一种固化的责任归因路径，即无论舆情事件是否属实，总会认为是政府或体制的错，将责任归因于政府。这种责任归因显然存在事实谬误，实际上是一种错误归因或归因偏差。"涉官"舆情事件爆发后，政府有责任及时回应，主动引导舆论走向，保证网络社会秩序。但面对"涉官"舆情事件中的政府回应，网民不应该毫无理由地认定是政府的责任。

然而，如果细致考究，民众的这种责任归因偏差也存在其合理性，它实质上反映了当前我国政府公信力问题的严峻性。政府信任度下降，网民责任归因谬误的形成，不仅与公众的负面思维感知有关，而且与政府回应效果不佳相联系，是政府回应与公众多次互动后的结果。这就引出一个关键性问题：在"涉官"舆情事件中，网民为什么会形成这种责任归因偏差？换言之，在"涉官"舆情事件中，民众的责任归因（responsibility attribution）的深层次逻辑是什么？对于这个问题的回答，直接关系到网络舆情的引导方向和治理思路。

网民将舆情治理责任归因于政府，自然与政府治理责任密不可分。按照一般的理解，治理责任是基于"委托—代理"关系的政府整合资源进行治理的动力和职

---

① 文宏、黄之玞：《"以谣辟谣"：政府回应中的特殊现象及其解读》，载《北京行政学院学报》2015年第3期。

责。由此看来，我国政府的确有责任及时、准确引导网络舆情走向，防范化解舆情风险对社会造成的冲击与破坏。唐惠敏、范和生提出政府和立法者有责任监督、引导社会舆情朝着公共利益的方向发展，要将网络舆情冲突控制在政治秩序范围内，保证社会稳定大局，防止社会舆论对政府权威的销蚀。① 国内学者指出，维稳导向是当前的网络舆情治理的总体目标，舆情治理实质上是政府和其他主体针对可能发生的集体行动，防范化解社会稳定风险开展的治理活动。②

除此之外，诸多学者还从不同维度聚焦到网络舆情治理的技术与方法。从网络秩序的角度出发，凯斯·桑斯坦（Cass R. Sunstein）认为政府有必要也有合法性去介入到网络空间当中，以提供一个多元的传媒环境。③ 从舆情治理的部门协同机制来看，突发事件网络舆情治理是一个涉及多个部门、多个主体的复杂性问题，面对舆情治理中的管理交叉、主体繁杂、各自为政等困局，需要解决数据、工具和决策三要素的协同问题才能更好应对。④ 毋庸置疑，政府有责任消解网络舆情风险及其衍生、延展、叠加形成的其他社会稳定风险。但是，对于网民将舆情责任归因于政府的内在逻辑却不得而知。这就导致对舆情治理中的政府作用难以实现进一步的挖掘，与十九大提出的"加强和创新社会治理""提高国家治理体系与治理能力现代化"不相符合。

舆情治理的思路、方式和技术时刻考验着各级政府对社会安全风险的把控，同时体现着政府的理政能力和治理智慧。当前我国仍处于社会转型期，社会主要矛盾已经转化为人民日益增长的美好生活需要和不平衡不充分的发展之间的矛盾，经济结构、社会关系、利益格局深刻调整，社会形态也日趋复杂化和多元化，社会稳定风险因素不断积累。如何防范化解社会稳定风险，有效应对社会转型期带来的结构性矛盾，成为党和政府亟待解决的难题和挑战。因此，立足于防范化解社会稳定风险实践，要高度重视对网络舆情治理，深入研究民众责任归因偏差的内在逻辑。只有厘清网民的责任归因逻辑，才能有效提供精准治理网络舆情的方法和技术，实现舆情治理目标。

但令人遗憾的是，学者们在舆情治理和政府回应的研究上，一方面过于重视治

---

① 唐惠敏、范和生：《网络舆情的生态治理与政府职责》，载《上海行政学院学报》2017年第2期。
② 张权：《网络舆情治理象限：由总体目标到参照标准》，载《武汉大学学报（哲学社会科学版）》2019年第2期。
③ 〔美〕凯斯·桑斯坦：《网络共和国：网络社会中的民主问题》，黄维明译，上海人民出版社2003年版，第87页。
④ 林振：《突发公共事件网络舆情协同治理机制建构研究》，载《华中科技大学学报（社会科学版）》2019年第2期。

理技术和结果,陷入了"技术导向"和"结果导向"的陷阱,另一方面把注意力过多地放在了政府主体,对于网民在舆情事件中的作用和心理缺乏深入研究。纵览网络舆情的既有研究,最突出的问题就是过于强调政府对舆情治理的责任,重视舆情治理技术的探索,忽略了从民众视角归纳政府治理舆情的效果,特别是对民众责任归因逻辑缺乏关注。

政府回应的两难困境要求我们从整体性、全局性入手理解舆情治理,特别是纳入民众的视角强化对舆情事件的研究。"涉官"舆情事件不仅是政府最关注的舆情形式,属于政府必须要回应的内容,也是网民最关切的舆情类型,关乎公众的直接利益和权利。"涉官"舆情事件中的政府回应直接反映了政府与民众在舆情传播中的互动过程。因此,要全面、深刻理解"涉官"舆情事件及其治理,就无法回避对舆情事件中政府与民众的互动过程,尤其是对民众在责任归因逻辑上出现偏差的思考与回答。有鉴于此,将"涉官"舆情事件作为研究的切入口,为有效厘清民众责任归因的内在逻辑提供了条件。在政府回应两难困境的现实情境下,明晰民众责任归因的内在逻辑显得尤为迫切和重要。

二、文献回顾

随着信息技术的发展和公民意识的觉醒,具备匿名性、开放性和方便性等特征的网络已经成为民众表达利益诉求和加强政府回应的重要渠道。网络舆情作为社会舆情的重要载体,反映了人们对某一事件的认知、态度、情感和行为倾向[①],是衡量民众满意度的晴雨表,为国家—社会互动机制提供了有益动力。但是,网络舆情扩大化造成的非理性情绪表达、谣言传播等问题,也对政府有效治理形成了阻力,甚至引发政府信任危机和社会稳定风险,对政府合法性造成威胁。"涉官"舆情如果不加以正确引导,很容易扩大化和无序化,对政府形象和统治秩序产生冲击,消解政府治理的合法性和有效性。政府需要将"涉官"舆情控制在秩序范围内,减少链条式和传导式的危机影响,防止衍生社会稳定风险。当"涉官"舆情事件爆发后,政府需要积极作出回应,主动引导舆情走向。基于此,政府回应成为"涉官"舆情治理研究的关键议题。

政府回应是网络舆情治理的重要内容。"回应意味着政府对民众对于政策变革

---

① 曾润喜:《网络舆情管控工作机制研究》,载《图书情报工作》2009年第18期。

的接纳和对民众要求做出反应,并采取积极措施解决问题。"① 于是,回应的速度和效果成为政府回应研究的重点。有学者通过建立政府回应的理论模型,借助170个网络反腐案例,对网络反腐中的政府回应及时性进行了量化研究,提炼出政治压力、舆论压力、政府透明度等因素影响了政府回应的及时性。② 面对"涉官"舆情事件中政府回应的参差不齐,部分政府部门过于追求回应速度,忽略回应质量,造成舆情反弹的实践问题,原光、曹现强依托既有"涉官"舆情案例,实证检验了政府回应效果的相关假设,总结了影响政府回应效果的六大因素③,为政府回应实践提供了有益指导,有利于提升政府舆情治理的能力和水平。

此外,我国在舆情治理理念、技术和制度体系上尚不够完善,政府没有完全履行舆情治理责任,备受民众和学界诟病。特别是当前网络舆情的"片面化"特征如舆情零散、放大、失真、变异、衍生、偏离等致使"涉官"舆情事件迅速走向恶化④,影响政府信任,衍生网络群体性事件,引发社会稳定风险。因此,无论是民众对权利保障和思想表达的呼唤,或者是提升政府治理体系和治理能力现代化的要求,强化对政府舆情治理存在问题的反思都必不可少。于是很多学者从治理技术和方法的角度为舆情治理提供了新思路。如借助数学模型,对微博舆情实例进行分析,研究大数据背景下微博舆情热度预测问题,帮助政府在应对复杂舆情事件时做到"心中有数"⑤。

为提升政府回应效果,一些研究者开始将视角转移到政府回应策略上。政府回应策略直接影响着舆情的动态变化和具体走向。策略研究可以提升政府回应的技术性,实现政府形象的修复和舆情危机的化解。有学者将回应策略归纳为否认、推卸责任、降低冲击、修正和后悔道歉⑥。库姆斯(R. Coombs)为了阐释不同策略的使用情境,弥补过去研究的不足,提出了经典的危机情境沟通理论(SCCT)。这一理论将危机划分为受害者群组(victim cluster)、意外群组(accidental cluster)、故

---

① 〔美〕格罗弗·斯塔林:《公共部门管理》,陈宪等译,上海译文出版社2003年版,第132页。
② 文宏、黄之玞:《网络反腐事件中的政府回应及其影响因素——基于170个网络反腐案例的实证分析》,载《公共管理学报》2016年第1期。
③ 原光、曹现强:《""涉官""网络舆情中政府回应效果的影响因素分析——基于139个案例的实证研究》,载《情报杂志》2019年第8期。
④ 方付建、王国华、徐晓林:《突发事件网络舆情"片面化呈现"的形成机理——基于网民的视角》,载《情报杂志》2010年第4期。
⑤ 连芷萱、兰月新、夏一雪、刘茉、张双狮:《基于首发信息的微博舆情热度预测模型》,载《情报科学》2018年第9期。
⑥ W. L. Benoit, Image Repair Discourse and Crisis Communication, *Public Relations Review*, Vol. 23, No. 12, 1997, pp. 177-186.

意群组（intentional cluster），并指出在不同的危机类型中组织责任归因强烈程度有所差异①。同时，还强调要根据民众对危机事件性质的归因判定具体危机情境，进而决定使用主要危机回应策略和从属危机回应策略②。回应策略的研究有助于合理引导舆情走向正轨，有利于民意表达和政府治理目标实现。但是，"涉官"舆情事件中的策略性回应始终没能在学术界和实务界达成统一意见。关于回应策略和回应情境的适配性以及回应效果也一直备受争议。特别是当政府回应与网络舆情存在逻辑偏差时，政府回应往往事与愿违。③

无论是"涉官"舆情的监测和预警，还是"涉官"舆情的引导和控制，或是舆情危机后的政府形象修复，聚焦政府回应的技术和结果都存在明显的技术导向和理想化特征。一方面，现实世界的复杂性问题难以简单借助公式或模型直接得出答案；另一方面，由于利益分割、技术有限等条件限制，政府回应策略和效果很难"生搬硬套"到既有理论当中。如当前存在的部门协同困境一直是"涉官"舆情治理的重点和难点。因此，将注意力过多放在政府应对"涉官"舆情的技术、方法（怎么做），而缺乏对民众责任归因逻辑（何以做）的深层次探讨，注定无法深刻认识"涉官"舆情中的政府与民众的互动机制。

然而，在"涉官"舆情事件的责任归因研究上，学者们并未聚焦于责任归因本身，仍然是借助归因理论分析突发事件的特征以及探索政府危机沟通策略，进而实现政府形象或信任的修复，强调责任归因结果带来的影响及治理。吴小冰通过梳理归因的三个临时性维度（稳定性、外部控制和个人控制），细致探讨了自然灾害、事故灾难、公共卫生事件、冲突和谣言的危机特征，并针对性提出了沟通策略。④还有学者从危机沟通的目的出发，认为民众对危机责任的归因是危机情境的重要内容，直接关系到政府或其他组织对危机发生是否需要承担以及承担多大责任，民众的责任归因强烈程度也直接影响组织的声誉。⑤责任归因理论强调了从民众的角度

---

① W. T. Coombs, Choosing the Right Words: The Development of Guidelines for the Selection of the Appropriate Crisis Response Strategies, *Management Communication Quarterly*, No. 8, 1995, pp. 447-476.

② W. T. Coombs, Impact of Past Crises on Current Crisis Communication Insights from Situational Crisis Communication Theory, *Journal of Business Communication*, Vol. 41, No. 3, 2004, pp. 265-289.

③ 文宏：《网络群体性事件中舆情导向与政府回应的逻辑互动——基于"雪乡"事件大数据的情感分析》，载《政治学研究》2019年第1期。

④ 吴小冰：《政府公共危机沟通策略探讨——归因理论与形象修复理论的视角》，载《东南传播》2010年第6期。

⑤ 钟伟军、杨则扬：《责任归因与地方政府社交媒体危机沟通策略——基于丽江打人事件的个案分析》，载《电子政务》2017年第10期。

认识危机，重视政府基于民众权利和利益的考量作出对危机的积极回应。

在"涉官"舆情危机事件中，通过网民责任归因的具体情境决定危机沟通策略无疑是一个重要的研究方向，但是对网民责任归因的内在逻辑进行探讨同样重要。无论是形式上的责任归属还是实质上的责任认定，政府都需要细致考察民众对危机的归因逻辑。正如以往学者所认同的那样，明确民众责任归因逻辑对政府信任和形象的修复将有着极其重要的作用。危机发生后，政府应该去了解民众对危机的看法，进而研判危机走向，正确引导民众，防止民众出现错误归因，生发社会稳定风险。概言之，虽然有很多学者都论证了政府在舆情治理中的责任与作用，但对民众为何将舆情责任归因于政府的问题却未回答。把握"涉官"舆情事件中影响网民将责任归因于政府的因素及其形成机制，对于更好地基于责任归因的视角深化危机沟通策略研究具有极其重要的理论价值和现实意义。

通过文献梳理可以发现，既有研究一方面缺少对责任归因影响因素的研究，而过多地倒向对政府形象及其沟通策略的研究，缺乏对责任归因本身的深入探讨；另一方面过度重视政府在舆情治理中的作用，忽视了民众责任归因在舆情研究上的重要性，导致责任归因研究难以从根本上实现范围拓展和解释效力提升，使得目前关于责任归因的研究不够广泛，影响有限。[①] 有鉴于此，本研究从政府回应的两难困境出发，提炼出民众责任归因偏差的问题，基于舆情传播过程，讨论舆情回应主体、信息传播渠道、事件信息异化和舆情回应客体等多个因素对民众责任归因的影响，从传播学和心理学视角系统回答民众在网络舆情事件中将责任归因于政府的深层次逻辑。民众责任归因逻辑的明晰有助于进一步理解网络舆情生成与扩散的内在机理。同时，能够更加精准地引导网络舆情走向，减少网络舆情对社会的冲击，提升政府治理舆情的能力和水平。

三、网络舆情中的民众责任归因逻辑

"涉官"舆情事件发生后，网民会根据掌握的各种信息和知识判断事件发生的原因，进行责任归因。因此，民众责任归因是在信息的基础上对舆情原因的主观判定。要考察民众责任归因的内在逻辑，需要明晰舆情信息传播特征及过程，从舆情

---

① 在中国知网上按主题检索"责任归因"，中文文献只有98篇（检索时间为2019年7月10日），且大多集中在经济领域，主要研究消费者和企业的责任归因。公共管理和新闻传播领域文献非常匮乏，网络舆情领域民众将责任归因于政府的现实实践问题仍然没有得到理论的系统回答。基于此，深化和拓展对责任归因的研究，强化网络舆情治理，有着理论与实践的双重需要。

传播过程全面探讨影响民众归因的因素。首先，政府作为直接相关方，在"涉官"舆情事件发生后，需要对舆情及时作出回应，发布权威信息，正确引导舆情走向。但由于政府层级权限有所差别、部门协同困难重重，政府回应的及时性与效果不尽相同。加之民众对政府信任水平较低，政府回应难以实现既定目标。相反，可能会引发舆情的二次反弹，加深政府与民众的信任鸿沟。其次，在信息传播过程中，存在着不同媒体间的观点竞争或信息竞争，相对负面的信息的传播广度会更加广泛，传播速度也更加迅速。社会媒体信息传播的广度、速度和交互性容易覆盖政府回应内容，导致政府回应失效，民众无法接收到权威信息，难以进行正确的责任归因。再次，在经济利益或流量驱动下，信息传播容易受到网络意见领袖的引导，社会媒体过分追求时效性忽视了信息的真实性，信息发布把关不严，造成舆情扩散，甚至衍生出诸多谣言错误引导民众归因。最后，作为信息接收方的民众选择性接受负面信息、天然性地对政府不信任，无法获得对"涉官"舆情事件的全面认知。同时，在"沉默的螺旋"效应下，民众责任归因很容易出现偏差。由此可见，舆情回应主体、信息传播渠道、事件信息异化和舆情回应客体共同构成了民众责任归因的内在逻辑。

1. 舆情回应主体：作为信息发送方的政府

政府是"涉官"舆情事件的回应主体。面对"涉官"舆情事件带来的社会风险，政府有责任迅速查明事实，及时发布权威信息，对民众作出回应，防止民众出现错误归因，衍生舆情风险。基于此，政府在舆情回应上，应充分考虑到回应的对象、方式和速度。然而，由于一些政府部门认为"涉官"舆情事件过于敏感，不敢或不想回应。即使迫于上级或公众压力，也是躲躲藏藏，致使舆情回应不及时、效果不理想，难以有效向民众传播权威真实信息，进一步引发民众猜疑，造成民众错误责任归因。

首先，在舆情回应对象上，"涉官"舆情事件的敏感性、模糊性和复杂性特征一方面极易引发民众猜疑和关注，另一方面也直接影响着政府回应的方式与速度。"涉官"舆情事件的主体是官员，而官员作为公权力代表，是公共利益的维护者和践行者。一旦官员涉及贪污腐败、处理失当等内容，很容易陷入舆论漩涡，成为舆论焦点。此时政府如果不能进行有效回应，必然有损政府形象，破坏民众对政府的信任，甚至陷入"塔西佗陷阱"。因此，"涉官"舆情事件的特殊性使得政府在信息发布上更加谨慎，但与此同时，却容易错失回应的黄金时间，难以达到回应目的。例如，2014年山东潍坊常务副市长陈某某自缢身亡事件，舆情持续升温，引发网民热议。网民"@HD丁浩然"认为："大家发现了没有，凡是自杀的官员清一色的是抑郁症，再没有第二个理由！不管你们信不信，我是信了！"还有一些网民则直接认为是政府体制的责任，不应该任用有精神疾病的干部等。

其次，在舆情回应方式上，超越常规约束的回应话语和行动限制了政府回应。"涉官"舆情事件直接考验着政府的回应能力和水平。但由于政府在技术、资源和权限上的有限性，使其难以超越常规约束实现舆情回应。第一，技术有限。在"人人都有麦克风"的时代，政府难以完全掌控舆情走向和进行准确的舆情研判。网络信息的高度流动性给地方政府舆情治理带来了技术上的难题。第二，资源不足。舆情事件具有突发性，其应对需要打破常规事务约束，但政府部门往往囿于资源有限无法全面投入舆情治理当中。① 第三，权限受制。"涉官"舆情事件涵盖着不同层级的官员，政府回应需要匹配适应的部门权限。当部门权限不足时，政府就不能直接作出回应。舆情回应能力的受限导致政府无法及时发布权威消息，固化了民众对"涉官"舆情是政府责任的认知。

最后，在舆情回应速度上，打破常规期限的反应时间影响了政府回应的及时性。"涉官"舆情事件容易引发网民关注，需要政府及时回应。根据舆情事件的演变特征和趋势，一般认为，舆情发生后的 72 小时是政府回应的黄金时间。舆情扩散的超时空性和难以控制性要求政府需要打破常规反应期限。但在实践中，"涉官"舆情事件极具复杂性和关联性，需要细致查明事件的真实性和来龙去脉。同时，政治环境压力、涉事官员级别、部门回应碎片化等因素的存在会导致舆情回应速度受限。② 回应速度的现实要求与实践能力之间的张力造成舆情回应难以满足民众需求，影响着民众的责任归因。

由此看来，政府部门对"涉官"舆情的认知态度影响着政府回应的方式和速度，而技术、资源和权限上的有限性却限制了政府回应的话语和行动。此外，舆情事件的复杂性和外在环境的约束致使舆情回应速度难以得到有效提升。政府作为舆情回应的主体，在"涉官"舆情事件中，却难以有效发布权威信息，致使民众信息掌握不充分，责任归因出现偏差。

2. 信息传播渠道：作为舆情扩散的中间媒介

媒体是舆情信息扩散的中间媒介和渠道。"涉官"舆情事件中，无论是政府回应内容，还是民意表达，或是事件衍生出的其他信息，都需要通过媒体传播。在舆

---

① 李靖、李慧龙：《政务舆情回应中的信息不对称探微》，载《上海行政学院学报》2018 年第 6 期。
② 原光、曹现强、王兆立：《""涉官""网络舆情中政府回应速度差异与影响因素分析——基于 136 个案例的实证研究》，载《情报杂志》2018 年第 9 期；刘红波、林彬：《共担还是转嫁：部门间舆情回应失效与风险归责》，载《华南理工大学学报（社会科学版）》2019 年第 1 期。

情信息传播的渠道上,由于官方媒体和社会媒体在传播属性、利益、立场上有所差别,导致两者之间存在信息或观点上的竞争。这种信息竞争主要体现在两者在非共识意见状态下,对舆论主动权和话语权的控制上。在"涉官"舆情信息传播中,社会媒体往往更加追求实时性和互动性,而官方媒体更加注重真实性和权威性。也正是因为这种特征和属性上的差别,致使作为信息流动的媒介出现分化,进而诱导民众产生不同的事件认知和责任归因。

自媒体的快速成长,大大提升了社会媒体的传播影响力,特别是在传播范围和速度上已经远远超过官方媒体。在"涉官"舆情事件中,社会媒体凭借其传播速度快、覆盖范围广、交互性强的特点,能够进一步助推舆情扩散和发酵。例如,2011年铁道部新闻发言人在"7.23"甬温线动车追尾事故新闻发布会时,将"不管你信不信,反正我是信了"作为对事件的解释。在社会媒体转发下,这句话迅速爆红,成为网络流行语。同时,这次新闻发布会也成为政府不负责回应的典型案例。然而,不同社会主体基于各自利益选择性传播和接收信息的倾向,使得社会媒体传播信息的真实性大大降低,对网民认知事件产生了误导。在社会媒体信息传播的碎片化影响下,民众也很难理性、客观地对"涉官"舆情事件进行责任归因。

由于发布主体的权威性,官方媒体的信息真实性则更胜一筹。但官方媒体僵硬的宣传模式、错误的舆情治理理念、传统的宣传渠道、部门协同回应不强等却备受诟病。在"涉官"舆情事件中,官方媒体信息发布往往需要掌握充分的事实证据,又受到不同层级政府的权力限制。因此,官方媒体在"涉官"舆情信息竞争中,往往因为回应不够及时而丧失了主动权和话语权。

信息竞争最核心的点在于网民最初接收到的信息来源。这是因为在首因效应作用下,网民最初所接收到的舆情信息在很大程度上会决定网民的态度和立场,而后续接收到的信息对网民认知和责任归因的作用将大大降低。[①] 特别是在后真相时代,公众"只愿意相信自己想听到的内容"。网络媒体借助情感渲染、偏见强化等手段,引发公众共情,致使民众忽视客观事实,不去过多深究事件原委,进而产生错误责任归因。

3. 事件信息异化:作为舆情演变的外在特征

在经济利益或流量驱动下,"涉官"舆情信息在传播过程中出现了异化现象。事件信息异化是指信息在生产、传播和利用过程中受到多种因素影响,而丧失了其

---

① 叶皓:《突发事件的舆论引导》,江苏人民出版社2009年版,第34页。

本身含义，呈现出人与信息错位颠倒的现象。① 事件信息异化对民众责任归因有着至关重要的影响。从舆情传播过程看，引发"涉官"舆情事件信息异化的原因主要包括三个方面：一是网络意见领袖为了吸引网民注意力，不顾事实，主观臆测，刻意引导民众将责任归因于政府。二是社会媒体过分追逐新闻时效性，缺乏舆情信息的真实性把关意识。三是谣言生成和扩散导致信息严重失真，对民众归因判断产生直接影响。

网络意见领袖是舆情信息异化的重要推手。网络意见领袖能够牵动舆情走向，影响民众心理认知。在"涉官"舆情事件中，一些网络意见领袖倾向于将未经证实的个人主观观点公之于众，并依靠自身能量实现信息的裂变式传播。不仅能够引发网民关注，提升舆情热度，而且可以扩大个人观点的影响力，引导民众归因。在"涉官"舆情事件中，刺激性的爆料和攻击性的观点更容易得到网民青睐。一些网络意见领袖则利用网民的这种心理偏向将舆情责任引向政府，引发网民关注与讨论。

社会媒体缺乏真实性把关意识加剧了舆情信息异化。互联网的发展特别是自媒体的成长，丰富了网络信息传播的表现形式，加快了信息流动的速度，拓展了信息传播覆盖的广度。同时，网络所具有的匿名性、开放性和方便性等特征也使其成为民众表达意见和态度的重要场所。但是，社会媒体往往缺乏对事件真实性的把握，过分追求新闻时效性，造成舆情信息失真，损害政府权威。在"涉官"舆情事件中，一些社会媒体甚至过分追求信息的爆炸性，编造、传播各种虚假信息，扰乱民众对事件的认知，错误引导民众责任归因。

谣言的生成与扩散推动事件信息异化走向极端。"涉官"舆情事件的政府回应往往基于事实性证据，需要一定的时间查明事实，因此舆情回应往往简单严谨，但部分网民却"意犹未尽"，主观臆测背后"真相"。因此，"涉官"谣言迎合了部分网民的猎奇心理，取得了生产与扩散的条件。"涉官"舆情谣言因其模糊性、诱导性和刺激性的特征容易被网民所认同，这极大影响了网络舆情正确方向的引导，消解了政府回应的效果。例如"天津市公安局原局长武长顺家里搜出上亿元现金"等谣言将民众情绪进一步点燃，强化了民众对政府监督和反腐责任不到位的认知。

"涉官"舆情事件中的信息异化给政府回应带来了挑战。网络意见领袖的刻意引导、社会媒体信息缺乏真实性保障、谣言的生发与扩散对民众责任归因产生了错

---

① 孙瑞英、蒋永福、刘丹丹：《基于生态学视角的信息异化问题研究》，载《情报理论与实践》2011年第4期。

误引导，使得民众对事件认识不清甚至是错误认知，关注焦点从事件本身转移到政府责任。

4. 舆情回应客体：作为信息接收方的民众

从政府回应的角度看，作为舆情回应客体的民众能够接收到的信息和自身心理因素会直接影响其对"涉官"舆情事件的责任归因。民众错误归因可以认为是其在有限信息下的解读偏差和心理认知。因此，系统考察民众责任归因的内在逻辑，更重要的是把民众作为舆情信息的接收方，回答作为舆情客体的民众在心理和行为上的选择对舆情责任归因的影响。

一是选择性接收"涉官"舆情信息。"涉官"舆情传播过程汇总容易衍生出许多负面信息，特别是与政府、官员相关的"小道消息"。民众面对繁纷复杂的网络信息，会选择性接受负面信息，而自动过滤正面信息，不信任政府回应内容，甚至反其道而行之。正所谓"好事不出门，坏事传千里"，负面信息因其内容的刺激性和模糊性极易吸引公众注意力，传播的广度和速度远远超过正面信息。例如，福建省晋江市副市长王某"火箭升迁"本来是按照程序正常任职，但却遭到网民怀疑，认为是"违规升迁""走后门"等。这种现象一方面是选择性接收信息的民众非理性的表达，另一方面也反映出"涉官"舆情事件容易遭到民众的错误归因。

二是民众对政府的信任度下降，存在天然质疑政府回应的倾向。"涉官"舆情事件的频发与政府回应的失败，持续地损害着民众对政府的政治信任。在"涉官"舆情事件中，涉事官员成为舆论靶点，而作为回应主体的政府特别是涉事官员所在部门自然缺乏中立性和客观性。因此，无论政府作何回应，民众的第一认知是质疑，这严重影响着政府回应的有效性。尤其实践中存在的"以谣辟谣"现象更是加剧了民众对政府的不信任，固化了民众对责任归因于政府的认知。由此可见，对政府的信任度影响着民众的责任归因。

三是个体归因心理的从众性。在"涉官"舆情事件的责任归因中，网民并非个体化的平行归因，而是受不同网民之间归因心理与行为的交互影响，反映出个体归因的从众性。在舆情责任归因中，"群体极化"和"沉默的螺旋"常被用来解释网民意见的一致性和持久性。在群体极化作用下，舆情责任归因会按照某种倾向不断强化，最后形成极端观点。[①]"沉默的螺旋"则可以解释个体舆情归因会保持与群体意见一致的现象。在舆情归因中，个体归因如果与群体不一致，会出于不被孤立和心理归属的考虑，倾向于隐藏或改变归因观点，进而出现舆情事件中群体责任归

---

① C. R. Sunstein, *Infotopia: How Many Minds Produce Knowledge*, Oxford University Press, 2006.

因的一致性。① 因此,在个体从众性的归因心理下,网民把责任归因于政府的偏差会进一步被放大和强化。

从舆情回应客体来看,民众选择性接收信息、对政府信任度低以及个体归因的从众心理直接影响了民众在"涉官"舆情事件中的责任归因逻辑。政府回应内容被民众在认知和行动过程中重新解构和建构,形成了一套关于舆情责任归因于政府的心理机制。

四、结论与启示

民众与政府之间的委托代理关系,要求政府对"涉官"舆情事件作出回应。政府回应的双重困境要求我们深化对民众归因逻辑的探讨。研究发现,地方政府不仅要回应网民诉求,消除网民疑虑,消解网络舆情,承担网络舆情的引导、善后等行政责任,防止网络舆情事件扩大带来的社会稳定风险,强化舆情管控,积极引导舆情走向,更应承担舆情防范和治理的政治责任,重塑政府与民众的互动机制,提升民众对政府的信心和信任。本文从政府回应的视角,将民众纳入到整体分析框架当中,从舆情回应主体、信息流动渠道、事件信息异化和舆情回应客体四个维度明晰了"涉官"舆情事件中的民众责任归因逻辑,得出以下结论:

一是作为舆情回应主体的政府,对回应对象的认知、回应的具体方式和回应速度会直接影响回应效果。由于回应对象的敏感性和模糊性、回应方式多方受限、回应速度难以实现等原因,政府回应难以有效引导网民归因认知,甚至加大民众对政府的不信任,致使民众错误责任归因。二是作为信息流动渠道的官方媒体和社会媒体由于传播属性存在差异,传播信息的速度和效果也有所不同。官方媒体的权威性有利于引导民众合理归责,但往往因为回应及时性不够而被社会媒体在信息传播上抢占先机。在首因效应加持作用下,民众往往会根据最初得到的信息形成基本认知,进行责任归因。同时,由于社会媒体信息碎片化明显,真实性不够,容易诱导民众错误归因。三是作为舆情演变特征的事件信息异化。在网络意见领袖的刻意引导、社会媒体信息真实性受限、谣言生成与扩散的情境下,民众很难形成对"涉官"舆情事件的全面、客观和理性的认知。事件信息的异化扰乱了信息传播的客观规律,致使网民难以进行合理化的责任归因,进而产生归因偏差。四是作为舆情回

---

① H. H. Kelley, Two Functions of Reference Groups, in F. H. Allport, *Readings in Social Psychology* (2nd ed.), Holt, 1952, pp. 410-414.

应客体的民众，存在选择性接收信息的心理倾向。政府公信力的下降使得民众对政府回应存在天然的质疑，导致政府回应有效性难以发挥。民众个体责任归因的趋同化将民众责任归因于政府的倾向被放大。在敏感性"涉官"舆情事件中，政府回应很难实现既定目标，尤其是研判失误、应对不当，更容易点燃民众情绪，引火上身，从而陷入民众归咎于政府、引发政府信任危机的难题。民众责任归因逻辑的明晰则有助于帮助我们理解信息传播过程中的舆情生产与扩散机理，为政府回应走出困境提供理论支持。

在民众责任归因逻辑的指导下，提升政府回应能力和舆情治理水平，亟须做好以下几个方面的工作：其一，优化政府回应模式、提升回应的及时性和效果。"涉官"舆情事件的政府回应最直接地反映了政府与民众的互动，是作为公共利益的代表——政府充分保障公民权益的重要外显。政府要正确认识"涉官"舆情事件的实质和影响，对打破常规性"涉官"舆情回应作出制度性安排。立足事件事实，把握舆情要点，及时、精准作出回应，打消网民猜疑，避免错误归责。其二，关注民众情绪和心理认知，精准、有效引导民众责任归因。深刻认识到民众归因的心理机制，关注网民在"涉官"舆情事件上的情绪，保证舆情不发生二次爆发。合理划分权限责任，明确"涉官"舆情事件中的责任归属，在舆情引导上确定方向，精准引导民众责任归因。其三，做好长期性修复政府信任工作，避免陷入"塔西佗陷阱"。政府信任是关乎我党执政合法性的关键要素。要全力以赴增强政府与民众之间的信任，调动公众参与监督政府的积极性，增强公众的获得感和主人翁意识。其四，从舆情传播媒介出发，做好舆情信息的"把关人"，提高社会媒体在传播信息上的真实性，加强舆情信息的管控和纠偏。充分做好网络舆情把控工作，积极主动占领新兴舆论阵地，严格管控网络谣言散播，构建良好的网络舆论生态。

家庭环境影响校园欺凌行为的性别差异研究*

张桂蓉　李婉灵**

摘　要：本文通过对3777名中小学在校学生进行问卷调查，分析家庭环境影响校园欺凌行为的性别差异。数据结果显示：男生只受欺凌和既受欺凌又欺凌他人的人数显著多于女生，且在四种校园欺凌形式中，男生人数均显著多于女生，但只欺凌他人的男女生人数不存在性别差异；欺凌他人主体中混合性别群体最多。在受欺凌行为中：父母监管和家庭结构完整的程度越高，男、女生受欺凌的风险越低；教育方式越民主、父母受教育程度越高，女生受欺凌的风险越低；在欺凌他人行为中：父母监管程度越高，男、女生欺凌他人的可能性越低，而完整的家庭结构只能有效降低男生欺凌他人的可能性。校园欺凌风险防控的家庭方案应采取性别差异化的干预策略。

关键词：校园欺凌；性别差异；家庭环境；OLS模型；Oprobit模型

一、问题的提出

根据《中国应急教育与校园安全发展报告》关于校园安全事件的不完全统计，2016年到2018年被媒体曝光的校园欺凌事件在整个校园安全事件中的比例逐年递

---

* 本文系湖南省教育科学"十三五"规划2018年度重大委托课题"新时期校园欺凌现象、成因及防治对策研究"（项目编号：XJK18ZDWT03）阶段性成果。

** 张桂蓉，中南大学公共管理学院教授，管理学博士，主要研究领域：公共安全与社会治理。李婉灵，中南大学公共管理学院行政管理硕士，主要研究领域：公共安全与社会治理。

增，分别为12%、24.75%和35%①，这在某种程度上说明，校园欺凌已经成为校园安全的重要影响因素。虽然2016年以来我国校园欺凌研究成果迅速飙升，且家庭教育是校园欺凌诱因分析的重点着墨之处，但是，总体上看，已有研究成果存在研究主体单一、学科视域受限、本土探索不够、实证研究匮乏、成果质量欠佳等需要大力拓展的空间。② 这尤其体现在校园欺凌的性别差异研究主题上。校园欺凌事件频发以来，仅有学者基于媒体曝光的校园欺凌案例对其性别差异进行分析③，尚未产生相关实证研究报告④。国外关于校园欺凌的性别差异研究非常丰富，家庭环境也是校园欺凌研究重点关注的影响因素⑤，但是中国学者鲜少关注家庭环境影响校园欺凌行为的性别差异。根据各类媒体的报道，中国校园欺凌行为主体中女生的表现超乎想象，大有成为校园欺凌事件"主角"的趋势，且手段恶劣。⑥ 那么，中国学生参与校园欺凌的性别差异究竟如何？家庭环境影响校园欺凌行为是否存在性别差异，存在怎样的性别差异？本研究拟通过实证调查回答上述问题，为校园欺凌风险防控的家庭干预策略提供证据。

二、文献综述与研究假设

（一）校园欺凌行为的性别差异

近十几年来，国外关于校园欺凌行为性别差异的研究发现，男生一般比女生更容易参与欺凌。⑦ 同时，参与欺凌的男生经常受到具有攻击性同伴的欢迎，从而加

---

① 该数据结果为作者根据2016—2018年的《中国应急教育与校园安全发展报告》中的校园欺凌数据计算得出。
② 邹红军、柳海民、王运豪：《概念·成因·治策：我国校园欺凌研究的三维构景——基于相关文献的述评》，载《教育科学研究》2019年第7期。
③ 王祈然、王帅、王一杰：《我国校园欺凌事件性别参与差异分析及治理对策研究》，载《教育科学研究》2018年第10期。
④ 国内关于校园欺凌性别差异的实证研究产生于该问题出现的早期，详见张文新、谷传华、王美萍等：《中小学生欺负问题中的性别差异的研究》，载《心理科学》2000年第4期。
⑤ V. Jackson, S. Chou, K. Browne, Protective Factors Against Child Victimization in the School and Community: An Exploratory Systematic Review of Longitudinal Predictors and Interacting Variables, *Trauma Violence Abuse*, Vol. 18, No. 3, 2017.
⑥ 用"校园欺凌""女生"两个词语进行百度搜索，得到7360000条搜索结果，均为女生欺凌行为的报道、分析和视频。
⑦ L. Krüger, Incidence and Gender Differences in Bullying Behavior in a South African High School, North-West University, 2010.

剧了个人欺凌向团体欺凌的演变。① 女生则更倾向于捍卫受欺凌者或是成为欺凌行为的证人，她们较少参与欺凌行为。② 在校园欺凌参与者的性别和人数的研究上，内瑟（J. Neser）等学者指出，单个男生参与校园欺凌行为最为常见，其次是男生群体，单个女生参与的校园欺凌行为排名第三。③ 为了支持这一观点，普林斯卢（J. Prinsloo）和内瑟于2007年展开了进一步调查，发现在1873名学生中，一个男生参与的欺凌行为最多（65%），其次是一群男生（35%），然后是女生（25%）。④从以上关于校园欺凌行为性别差异的研究中可以发现，男生参与校园欺凌的比率普遍高于女生，其中单个男生参与校园欺凌行为最为频繁。

通过对国内外学者所做的校园欺凌性别差异研究进行梳理，发现国外关于校园欺凌性别差异的研究普遍存在两个方面的结论：（1）男生比女生更有可能成为欺凌者或受欺凌者⑤；（2）在欺凌形式上，男生更倾向于肢体欺凌，而女生更倾向于语言欺凌和关系欺凌⑥。但是，也有学者得出了不同的结论，如英国的伍兹（S. Woods）等发现肢体欺凌和关系欺凌的比率没有显著的性别差异⑦；布斯加诺（W. Busgano）等在菲律宾的校园欺凌研究中也显示男生和女生只在身体欺凌上存在显著差异⑧。

---

① Elysa R. Safran, Bullying Behavior, Bully Prevention Programs, and Gender, *Journal of Emotional Abuse*, Vol. 7, No. 4, 2008.

② C. Athanasiades, V. Deliyanni-Kouimtzis, The Experience of Bullying Among Secondary School Students, *Psychology in the Schools*, Vol. 47, No. 4, 2010.

③ J. Neser, A. Ladikos and J. Prinsloo, Bullying in Schools: An Exploratory Study, *Child Abuse Research in South Africa*, Vol. 5, No. 1, 2004.

④ J. Prinsloo and J. Neser, School Violence and Peer Group Victimisation in Public Schools in Tshwane South, *Journal of Humanities*, Vol. 47, 2007.

⑤ M. Angélica Lossi Silva, B. Pereira, et al., The Involvement of Girls and Boys with Bullying: An Analysis of Gender Differences, *International Journal of Environmental Research & Public Health*, Vol. 10, No. 12, 2013, pp. 6820-6831; M. Nation, A. Vieno, D. D. Perkins, et al., Bullying in School and Adolescent Sense of Empowerment: An Analysis of Relationships with Parents, Friends, and Teachers, *Journal of Community & Applied Social Psychology*, Vol. 18, No. 3, 2008; 张文新、谷传华、王美萍等：《中小学生欺负问题中的性别差异研究》，载《心理科学》2000年第4期。

⑥ K. Carbone-Lopez, F. A. Esbensen, B. T. Brick, Correlates and Consequences of Peer Victimization: Gender Differences in Direct and Indirect Forms of Bullying, *Youth Violence & Juvenile Justice*, Vol. 8, No. 4, 2010; D. Neupane, Gender Role in School Bullying, *Journal of Chitwan Medical College*, Vol. 4, No. 1, 2014.

⑦ S. Woods, E. White, The Association Between Bullying Behavior, Arousal Levels and Behavior Problems, *Journal of Adolescence*, Vol. 28, No. 3, 2005.

⑧ W. Busgano, et al., An Analysis of Gender Differences in Bullying Among the Mid-school Youth Using the 4-Factor Personal Experience, Working Paper, May, 2014.

(二) 家庭环境对校园欺凌行为的影响

虽然学校和社区分担着培养和培育儿童的责任,但家庭传统对儿童发展产生了最大的影响,家庭也是儿童和青少年产生暴力倾向的重要因素。[①] 家庭环境是指家庭的物质生活条件、社会地位、家庭成员之间的关系及家庭成员的语言、行为及感情的总和。[②] 尤其是在个体性别社会化过程中,父母作为孩子的启蒙老师,对孩子的影响最为重要,其一言一行对孩子性别角色的建立都起着潜移默化的作用。鲍文(M. Bowen)提出的家庭系统理论认为,家庭成员之间的关系及其动态变化对青少年和儿童在同伴中的行为产生影响。[③] 因此,攻击行为是系统产物,而不是个人精神扭曲的后果。[④] 美国联邦调查局将评估学生暴力倾向程度的指标集中在几个家庭风险因素:动荡的亲子关系,缺乏家庭亲密关系,父母对孩子的病理行为的接受,很少或没有限制孩子的行为和父母的恐吓感。[⑤] 同时,有研究表明,父母的消极行为更能诱发欺凌现象。[⑥] 不正常的家庭关系以及不良行为的养成与青少年的欺凌行为相关。[⑦] 消极的家庭环境与减少青少年的社会和个人资源之间存在着密切的联系,使他们更容易受到同龄人的虐待和恐吓。[⑧] 此外,还有研究指出父母婚姻破裂或家庭冲突会加剧未成年人的反社会行为和校园欺凌行为的倾向。[⑨] 相比之下,家庭凝聚力和家庭支持是青少年社会调节以及与同龄人发展积极关系的有利因素,可避免

[①] K. V. Chandras, Coping with Adolescent School Violence: Implications for Counseling, *College Student Journal*, Vol. 33, No. 2, 1999.

[②] 肖三蓉、徐光兴:《家庭环境影响青少年人格特质的性别差异》,载《心理学探新》2009年第2期。

[③] M. Bowen, *Family Therapy in Clinical Practice*, Aronson, 1978.

[④] M. A. Straus, A General Systems Theory Approach to a Theory of Violence Between Family Members, *Information (International Social Science Council)*, Vol. 12, No. 3, 1973.

[⑤] M. O'Toole, The School Shooter: A Threat Assessment Perspective, Critical Incident Response Group, National Center for the Analysis of Violent Crime, Federal Bureau of Investigation, 2000.

[⑥] S. T. Lereya, M. Samara, D. Wolke, Parenting Behavior and the Risk of Becoming a Victim and a Bully/Victim: A Meta-analysis Study, *Child Abuse Neglect*, Vol. 37, No. 12, 2013.

[⑦] R. D. Duncan, Family Relationships of Bullies and Victims, in Dorothy L. Espelage, S. M. Swearer (eds.), *Bullying in North American schools*, Erlbaum, 2011, pp. 191-204.

[⑧] S. T. Lereya, M. Samara, D. Wolke, Parenting Behavior and the Risk of Becoming a Victim and a Bully/Victim: A Meta-analysis Study, *Child Abuse Neglect*, Vol. 37, No. 12, 2013, pp. 1091-1108.

[⑨] M. Cava, Psychological Profile of Adolescent Cyberbullying Aggressors, *Revista De Psicología Social*, Vol. 30, No. 2, 2015.

个人成为校园欺凌的目标。①

基于以往家庭环境对校园欺凌行为的影响研究②，本研究将从亲子关系、父母的教育方式、父母监管、父母关系、家庭结构、父母受教育程度以及家庭的经济社会地位等因素来探讨家庭环境影响校园欺凌行为性别的差异。

三、数据来源与变量描述

（一）数据来源与样本基本情况

根据校园欺凌发生的年龄阶段，本研究采用等比例分层抽样法选取全国19个省（直辖市、自治区）的小学阶段（四、五、六年级）、初中阶段、高中阶段以及职高/技校的3777名在校学生作为研究对象，其中男生1811人，女生1966人，数据通过问卷调查的方式收集。调查的问卷由国内6所高校公共管理研究领域的教师共同设计、修改完成。预调查20位学生之后，根据中小学老师的建议，对问卷中不符合中小学生实际情况，以及存在理解偏差的题项进行了3次修改，问卷中各测量量表具备较好的建构效度。7个主要调查地都有一位老师负责，委派调查员与当地被调查学校的老师联系，并与被调查学校的校长沟通，反复承诺整个调查的匿名性特征，确保学校能够配合调查。研究样本的年级、学校性质以及性别结构均与我国青少年学生现实情况一致，地区分布情况如表1所示。

表1 抽样学生的样本分布情况（$N=3777$）

省份	男生人数	男生比例（％）	女生人数	女生比例（％）	总人数
北京	281	7.44%	304	8.05%	585
甘肃	227	6.01%	227	6.01%	454
广东	158	4.18%	151	4.00%	309
贵州	223	5.90%	247	6.54%	470
湖南	391	10.35%	388	10.27%	779
江苏	185	4.90%	182	4.82%	367
辽宁	167	4.42%	247	6.54%	414
其他	179	4.74%	220	5.82%	399

资料来源：根据调查问卷的样本数据，运用SPSS 24.0软件整理所得。

---

① R. Navarro, R. Ruiz-Oliva, E. Larrañaga, et al., The Impact of Cyberbullying and Social Bullying on Optimism, Global and School-Related Happiness and Life Satisfaction Among 10-12-year-old Schoolchildren, *Applied Research in Quality of Life*, Vol. 10, No. 1, 2015.

② H. J. Thomas, J. P. Connor, J. G. Scott, Why Do Children and Adolescents Bully Their Peers? A Critical Review of Key Theoretical Frameworks, *Social Psychiatry and Psychiatric Epidemiology*, Vol. 53, No. 5, 2018.

(二) 变量描述

1. 因变量

校园欺凌行为为因变量。本研究采用国务院教育督导委员会办公室发布的《关于开展校园欺凌专项治理的通知》中"校园欺凌"的概念，即"发生在学生之间蓄意或恶意通过肢体、语言及网络等手段，实施欺负、侮辱造成伤害"的行为。同时，把校园欺凌行为分为欺凌他人和受欺凌两个方面。问卷中的欺凌他人量表和受欺凌量表借鉴了美国教育研究中心的校园欺凌量表，并结合研究问题与中国的实际情况进行了调整（见表2和表3）。两个量表均包含10个条目，且每个条目均按照1分——"从来没有"、2分——"极少"、3分——"偶尔"、4分——"经常"四级评分。两个量表得分均在10—40，得分越高，说明校园欺凌行为越严重。具体分段标准为：如果得分在10—20（包括10和20），说明该学生没有卷入校园欺凌行为；如果得分在20—30（包括30），说明该学生轻度卷入校园欺凌行为；如果得分在30—40（包括40），说明该学生重度卷入校园欺凌行为。在进行回归分析时，用"1"代表正常，用"2"表示轻微的校园欺凌行为，用"3"表示非常严重的校园欺凌行为。

表2 受欺凌行为描述统计分析

	赋值	男生（%）	女生（%）	卡方值	P
辱骂、嘲笑、讽刺你，给你取侮辱性的绰号等	1 = 从来没有	28.59%	44.61%	45.915	0.000
	2 = 极少	8.31%	5.45%		
	3 = 偶尔	5.93%	1.51%		
	4 = 经常	5.11%	0.48%		
散布关于你的谣言，鼓动其他人不喜欢你	1 = 从来没有	33.94%	48.03%	17.500	0.000
	2 = 极少	6.72%	2.86%		
	3 = 偶尔	3.94%	0.79%		
	4 = 经常	3.34%	0.37%		
踢、打、推搡你，伸脚绊倒你或者朝你吐口水	1 = 从来没有	36.19%	48.48%	33.951	0.000
	2 = 极少	6.30%	2.67%		
	3 = 偶尔	2.75%	0.64%		
	4 = 经常	2.70%	0.26%		
威胁或强迫你做你不喜欢的事情，比如问你要钱或者东西	1 = 从来没有	40.56%	50.01%	19.321	0.000
	2 = 极少	3.79%	1.19%		
	3 = 偶尔	1.69%	0.56%		
	4 = 经常	1.91%	0.29%		

(续表)

	赋值	男生（%）	女生（%）	卡方值	P
故意不让你参加集体活动，或者不让别人和你玩	1=从来没有	40.30%	49.99%	11.124	0.001
	2=极少	4.21%	1.32%		
	3=偶尔	1.85%	0.48%		
	4=经常	1.59%	0.26%		
故意破坏你的东西，比如书包、文具等	1=从来没有	39.03%	49.96%	18.892	0.000
	2=极少	5.06%	1.27%		
	3=偶尔	1.83%	0.45%		
	4=经常	2.04%	0.37%		
在微博/微信/QQ等散播对你不好的信息、谣言等	1=从来没有	41.46%	50.73%	12.984	0.000
	2=极少	3.87%	0.85%		
	3=偶尔	1.38%	0.24%		
	4=经常	1.24%	0.24%		
故意把你的个人信息、照片或者视频放到网上	1=从来没有	42.81%	50.78%	11.754	0.001
	2=极少	3.12%	0.74%		
	3=偶尔	1.24%	0.32%		
	4=经常	0.77%	0.21%		
通过短信、微信、QQ等发消息威胁你或者侮辱你	1=从来没有	42.79%	50.68%	14.823	0.000
	2=极少	2.91%	0.87%		
	3=偶尔	1.14%	0.32%		
	4=经常	1.11%	0.19%		
在网上玩游戏或者和大家交流的时候，故意排斥、孤立你	1=从来没有	41.28%	50.30%	11.718	0.001
	2=极少	3.68%	1.16%		
	3=偶尔	1.46%	0.40%		
	4=经常	1.54%	0.19%		

资料来源：根据调查问卷的样本数据，运用SPSS 24.0软件整理所得。

注：$P<0.05$时显著。

表3 欺凌他人行为描述统计分析

	赋值	男生（%）	女生（%）	卡方值	P
辱骂、嘲笑、讽刺，或者给某人取侮辱性的绰号等	1=从来没有	37.07%	44.61%	25.022	0.000
	2=极少	7.25%	5.45%		
	3=偶尔	2.46%	1.51%		
	4=经常	1.16%	0.48%		
散布关于某人的谣言，鼓动其他人不喜欢他/她	1=从来没有	42.63%	48.03%	6.140	0.013
	2=极少	3.60%	2.86%		
	3=偶尔	1.03%	0.79%		
	4=经常	0.69%	0.37%		
踢、打、推搡、伸脚绊倒别人或者朝别人吐口水	1=从来没有	42.23%	48.48%	17.438	0.000
	2=极少	3.81%	2.67%		
	3=偶尔	1.14%	0.64%		
	4=经常	0.77%	0.26%		

(续表)

	赋值	男生（%）	女生（%）	卡方值	P
威胁或强迫某人做他/她不喜欢的事情，比如向他/她要钱或者东西	1 = 从来没有	45.01%	50.01%	4.757	0.029
	2 = 极少	1.67%	1.19%		
	3 = 偶尔	0.71%	0.56%		
	4 = 经常	0.56%	0.29%		
故意不让某人参加集体活动，或者不让别人和某人玩	1 = 从来没有	44.29%	49.99%	8.328	0.004
	2 = 极少	2.33%	1.32%		
	3 = 偶尔	0.61%	0.48%		
	4 = 经常	0.71%	0.26%		
故意破坏某人的东西，比如书包、文具等	1 = 从来没有	44.53%	49.96%	2.041	0.153
	2 = 极少	2.36%	1.27%		
	3 = 偶尔	0.53%	0.45%		
	4 = 经常	0.53%	0.37%		
在微博/微信/QQ等散播对某人不好的信息、谣言等	1 = 从来没有	44.98%	50.73%	8.351	0.004
	2 = 极少	1.99%	0.85%		
	3 = 偶尔	0.50%	0.24%		
	4 = 经常	0.48%	0.24%		
故意把某人的个人信息、照片或者视频放到网上	1 = 从来没有	45.35%	50.78%	6.673	0.010
	2 = 极少	1.62%	0.74%		
	3 = 偶尔	0.48%	0.32%		
	4 = 经常	0.50%	0.21%		
通过短信、微信、QQ等发消息威胁或者侮辱某人	1 = 从来没有	45.41%	50.68%	6.854	0.009
	2 = 极少	1.59%	0.87%		
	3 = 偶尔	0.42%	0.32%		
	4 = 经常	0.53%	0.19%		
在网上玩游戏或者和大家交流的时候，故意排斥、孤立某人	1 = 从来没有	44.72%	50.30%	10.767	0.001
	2 = 极少	2.01%	1.16%		
	3 = 偶尔	0.64%	0.40%		
	4 = 经常	0.58%	0.19%		

资料来源：根据调查问卷的样本数据，运用 SPSS 24.0 软件整理所得。

注：$P<0.05$ 时显著。

2. 自变量

（1）亲子关系。问题行为理论认为，青少年与父母的关系比与同伴的关系有更大的影响力，良好的亲子关系会增加其常规行为，同时相应的问题行为也会减少。[1] 一般情况下，男生和女生与父母之间的关系会存在一定的差异，男生往往不善于处理与父母之间的关系，女生与父母的相处则比较和睦。

---

[1] N. H. Decourville, Testing the Applicability of Problem Behavior Theory to Substance Use in a Longitudinal Study, *Psychology of Addictive Behaviors*, Vol. 9, No. 1, 1995.

（2）父母的教育方式。研究表明青少年感受到的教育方式越民主，他们的不良行为就越少。① 受传统性别角色观点的影响，大多数父母会有意或无意地因子女性别的不同而采取不同的教养方式。一般情况下，父母对男生的教育是期望型的，所以比较严厉，着重于获取成功和控制欲的培养；对女生的教育则倾向于保护型，所以比较民主、开放，着重于更多的爱抚、保护。

（3）父母监管。根据问题行为理论，青少年知觉到的支持和控制（特别是来自父母的）水平越高，参与问题行为的可能性越低。② 父母忽视对子女的关心易导致子女没有同理心，从而造成子女在学校欺凌他人或被欺凌的情况。③ 一个青少年具有较少的问题行为并不是因为他们的父母实际限制了他们的日常活动，而是因为他们的父母了解他们的活动。所以，父母对子女的日常生活投入更多的监管会减少其不良行为的养成。

（4）父母关系。家庭动力理论认为，一个恶化的家庭关系，会导致子女不良的社会化。④ 另外，在关于青少年犯罪的研究中发现，双亲感情失和、争斗不断以及子女与父母间关系紧张比父母离婚更容易导致其犯罪行为的产生。⑤

（5）家庭结构。家庭结构失衡会导致子女社会化主体缺失而产生校园欺凌行为。⑥ 研究者们一般将家庭结构分为完整家庭和非完整家庭。在完整家庭中，子女从小就有自己的性别认同对象，可以从父母身上获得个体关于男性和女性各自适应的行为方式以及相应的性别角色知识。对于非完整家庭的子女来说，性别角色社会化的主要障碍是缺乏完整的榜样形象，由此形成子女对单方面角色的依恋。

（6）父母受教育程度。一般而言，父母受教育程度越高，对子女教育的重视程度就越高，也越注重培养子女的日常行为规范，这对子女良好行为习惯的养成具有重要作用。

（7）家庭的经济社会地位。托马斯·麦克努尔蒂（Thomas L. McNulty）等研究者发现，美国非洲裔和拉美裔青少年比白人青少年更容易卷入暴力行为中，因为他

---

① E. J. Palmer, C. R. Hollin, Sociomoral Reasoning, Perceptions of Own Parenting and Self-reported Delinquency, *Personality & Individual Differences*, Vol. 21, No. 2, 1996.

② N. H. DeCourville, Testing the Applicability of Problem Behaviour Theory to Substance Use in a Longitudinal Study, *Psychology of Addictive Behaviors*, Vol. 19, No. 1, 1995.

③ 林进材：《校园欺凌行为的类型与形成及因应策略之探析》，载《湖南师范大学教育科学学报》2017年第1期。

④ 王海英、崔梦舒：《个体性别角色形成中家庭因素的影响研究》，载《东北师大学报（哲学社会科学版）》2014年第2期。

⑤ 陈秀丽：《我国青少年犯罪与家庭环境研究综述》，载《中国青年研究》2004年第3期。

⑥ 苏春景、徐淑慧、杨虎民：《家庭教育视角下中小学校园欺凌成因及对策分析》，载《中国教育学刊》2016年第11期。

们的家庭和所居住的社区处于不利的社会经济状况。[1] 经济社会地位较低的家庭一般对暴力行为持有更宽容的态度（如鼓励孩子采取暴力手段进行反击），这将会无形中纵容和培养孩子的暴力行为，进而增加孩子从事暴力行为的可能。[2]

自变量的赋值情况以及描述统计分析如表4所示。

表4 自变量赋值及统计分析

自变量	赋值	男生（%）	女生（%）	卡方值	P
亲子关系	1=非常差	5.24%	3.44%	9.888	0.002
	2=差	6.12%	6.70%		
	3=好	17.08%	20.89%		
	4=非常好	19.51%	21.02%		
父母的教育方式	1=非常专制	10.51%	7.92%	27.465	0.000
	2=专制	16.60%	17.08%		
	3=民主	12.92%	18.03%		
	4=非常民主	7.92%	9.03%		
父母监管	1=从不	2.91%	2.04%	4.560	0.033
	2=极少	3.57%	3.81%		
	3=偶尔	18.85%	22.03%		
	4=经常	22.61%	24.17%		
父母关系	1=非常差	4.29%	2.99%	7.550	0.006
	2=差	4.87%	5.19%		
	3=好	13.71%	17.37%		
	4=非常好	25.07%	26.50%		
家庭结构	1=不完整	13.13%	13.18%	2.058	0.151
	2=完整	34.82%	38.87%		
父亲受教育程度	1=不识字或小学	5.24%	4.74%	0.278	0.589
	2=初中	14.72%	17.39%		
	3=高中/职高/技校/中专	11.60%	12.55%		
	4=大专	5.40%	5.82%		
	5=本科	6.62%	7.18%		
	6=硕士研究生及以上	4.37%	4.37%		
母亲受教育程度	1=不识字或小学	6.22%	8.21%	0.284	0.284
	2=初中	14.88%	15.75%		
	3=高中/职高/技校/中专	10.70%	11.41%		
	4=大专	5.24%	5.98%		
	5=本科	6.35%	7.02%		
	6=硕士研究生及以上	4.55%	3.68%		

---

[1] Thomas L. McNulty, Paul E. Bellair, Explaining Racial and Ethnic Differences in Adolescent Violence: Structural Disadvantage, Family Well-being, and Social Capital, *Justice Quarterly*, Vol. 20, No. 1, 2003.

[2] 蒋索、何姗姗、邹泓：《家庭因素与青少年犯罪的关系研究述评》，载《心理科学进展》2006年第3期。

(续表)

自变量	赋值	男生（%）	女生（%）	卡方值	P
家庭的经济社会地位	1 = 很低	2.28%	1.62%	0.085	0.085
	2 = 中下	5.67%	5.32%		
	3 = 一般	24.57%	29.71%		
	4 = 中上	12.58%	13.74%		
	5 = 非常高	2.86%	1.67%		

资料来源：根据调查问卷的样本数据，运用 SPSS 24.0 软件整理所得。
注：$P<0.05$ 时显著。

（三）方法

本研究先采用 SPSS 24.0 软件对因变量测量量表进行信效度检验以及描述统计分析，并使用卡方检验分析比例差异，统计显著性水平设定为 $\alpha = 0.05$。再用 STATA 软件进行 OLS 和 Oprobit 回归分析，分析家庭环境对男女生校园欺凌行为的影响。经检验，欺凌他人量表和受欺凌量表的内部一致性系数 α 分别为 0.928 和 0.913，内部一致性系数 α 均大于 0.7，说明本研究使用的校园欺凌量表具有较高的可靠性。

四、校园欺凌行为的性别差异

（1）男生只受欺凌和既受欺凌又欺凌他人的人数显著多于女生，且在四种校园欺凌形式中，男生人数均显著多于女生，但是只欺凌他人的人数不存在性别差异。

在受欺凌行为和欺凌他人行为的性别差异方面，我们将校园欺凌行为的参与者分为三类（见表5）：① 只遭受过欺凌，从来没有欺凌过他人。在这类学生中，男生有381人，女生有319人，卡方检验结果显示，男生人数显著多于女生（$\chi^2 = 6.702$，$P<0.05$）。② 只欺凌他人，从来没有遭受过欺凌。这类学生中男女生人数分别为13人和11人，虽然男生多于女生，但二者不存在显著差异（$\chi^2 = 0.084$，$P>0.05$）。③ 既遭受过欺凌又欺凌他人。这类学生中男女生存在显著的性别差异，男生人数显著多于女生（$\chi^2 = 7.603$，$P<0.01$）。从校园欺凌形式的性别分布情况来看（见表6），在四种欺凌形式的发生率中，男生都显著高于女生。该结论与绝大部分研究结果一致[1]，所不同的是，我们发现只欺凌他人的学生并不存在性别差

---

[1] David Álvarez-García, Trinidad García, José Carlos Núñez, Predictors of School Bullying Perpetration in Adolescence: A Systematic Review, *Aggression and Violent Behavior*, Vol. 23, 2015, pp. 126-136.

异。这说明只要力量不均衡，不管是男生还是女生，都可能欺凌他人。

表 5 受欺凌行为和欺凌他人行为

	性别		合计	卡方值 (X^2)	显著水平 (P)
	男生	女生			
只受欺凌	381	319	700	6.702	0.010
只欺凌他人	13	11	24	0.084	0.772
既受欺凌又欺凌他人	172	96	268	7.603	0.006

资料来源：根据调查问卷的样本数据，运用 SPSS 24.0 软件整理所得。
注：$P<0.05$ 时存在显著差异。

表 6 校园欺凌的形式

	性别		合计	卡方值 (X^2)	显著水平 (P)
	男生	女生			
身体欺凌	480	348	828	33.951	0.000
语言欺凌	206	119	325	42.686	0.000
关系欺凌	251	169	420	26.425	0.000
网络欺凌	178	131	309	12.575	0.000

资料来源：根据调查问卷的样本数据，运用 SPSS 24.0 软件整理所得。
注：$P<0.05$ 时存在显著差异。

（2）被高年级同学欺凌的学生的性别差异最为显著；欺凌他人主体中混合性别群体最多，但与是否受惩罚一样，均不存在显著的性别差异。

通过对 968 名受欺凌学生的数据结果进行分析（见表 7），发现男女生都遭受过同班同学的欺凌。另外，被同班同学、高年级同学以及低年级同学欺凌的男生人数显著多于女生，其中被高年级同学欺凌的学生的性别差异最为显著。从欺凌他人者的性别和人数来看（见表 8），混合性别群体最经常参与校园欺凌行为，其次是几个男生主导的校园欺凌行为，一个男生主导的校园欺凌行为排名第三，一个女生或几个女生主导的校园欺凌行为排名靠后。这与王祈然等"同性欺凌的比例最高"[1]的研究结论不一致，但印证了社会认同理论，泰弗尔（H. Tajfel）认为个体为了获得群体的认同，会与群体成员保持一致，更容易对群体外个体采取偏见行为。[2]

---

[1] 王祈然、王帅、王一杰：《我国校园欺凌事件性别参与差异分析及治理对策研究》，载《教育科学研究》2018 年第 10 期。

[2] H. Tajfel, J. C. Turner, *An Integrative Theory of Intergroup Conflict*, *Psychology of Intergroup Relations*, Nelson-Hall, 1986, pp. 2-24.

表7 欺凌他人行为主体的身份

	性别		合计	卡方值(χ^2)	显著水平(P)
	男生	女生			
同班同学	325	277	602	5.641	0.018
同年级不同班同学	60	57	117	1.612	0.204
高年级同学	96	43	139	12.191	0.000
低年级同学	21	10	31	6.054	0.014
校外同龄人	46	33	79	0.452	0.501

资料来源：根据调查问卷的样本数据，运用 SPSS 24.0 软件整理所得。

注：$P<0.05$ 时存在显著差异。

表8 欺凌他人行为主体的性别及人数

	性别		合计	卡方值(χ^2)	显著水平(P)
	男生	女生			
主要是一个男生	106	88	194	0.000	0.997
几个男生	131	94	225	1.658	0.198
主要是一个女生	65	59	124	0.014	0.906
几个女生	80	69	149	0.004	0.949
既有男生也有女生	147	129	276	0.693	0.405

资料来源：根据调查问卷的样本数据，运用 SPSS 24.0 软件整理所得。

注：$P<0.05$ 时存在显著差异。

卡方检验结果显示，在各类欺凌他人者主体中，虽然男生遭受各类主体欺凌的概率普遍高于女生，但是二者之间并不存在显著的差异；而关于欺凌他人者是否受到惩罚这一问题，我们发现大多数的欺凌他人者均受到过惩罚，且男女生之间不存在显著的差异（见表9）。

表9 欺凌他人的学生是否受到惩罚

		性别		合计	卡方值(χ^2)	显著水平(P)
		男生	女生			
是否受到惩罚	否	249	195	444	0.367	0.545
	是	304	220	524		

资料来源：根据调查问卷的样本数据，运用 SPSS 24.0 软件整理所得。

注：$P<0.05$ 时存在显著差异。

（3）校园欺凌主要发生在校内，在上下学路上遭受欺凌的男生人数显著多于女生，但男女生在隐瞒受欺凌事件方面不存在显著差异。

从男女生受欺凌发生的场所来看（见表10），结果显示，有77.4%的校园欺凌行为发生在校内，如厕所、楼梯拐角、操场角落等相对偏僻的地方；有12.3%的校园欺凌行为发生在上下学路上；有10.2%的校园欺凌行为发生在网吧和其他场所。可见，校园欺凌行为多发生在校内，但是只有上下学路上发生的校园欺凌才存在显著的性别差异。其中，报告在上下学路上遭受过欺凌的男生有73人，女生有35人，卡方检验结果显示，男生所占比率显著高于女生（$\chi^2 = 5.435$，$P < 0.05$）；而关于"有没有将受欺凌的事情告诉别人"的卡方检验结果显示（见表11），有27.2%的受欺凌者在"第一时间"内选择沉默，即没有将受欺凌事件告诉任何人。另外，虽然向他人报告受欺凌事件的男生人数高于女生，但是二者之间并不存在显著的差异。

表10 受欺凌行为发生的场所

	性别		合计	卡方值 (χ^2)	显著水平 (P)
	男生	女生			
学校	386	292	678	0.035	0.851
上下学路上	73	35	108	5.435	0.020
网吧	25	25	50	1.094	0.296
其他场所	69	63	132	0.002	0.961

资料来源：根据调查问卷的样本数据，运用SPSS 24.0软件整理所得。
注：$P < 0.05$时存在显著差异。

表11 有没有将受欺凌的事情告诉别人

	性别		合计	卡方值 (χ^2)	显著水平 (P)
	男生	女生			
没有告诉别人	159	104	263	1.633	0.201
有告诉老师	110	71	181	1.208	0.272
有告诉学校其他大人	22	14	36	0.242	0.623
有告诉家长	101	70	171	0.318	0.573
有告诉兄弟姐妹	24	15	39	0.323	0.570
有告诉朋友	103	94	197	2.369	0.124
其他	38	43	81	3.162	0.075

资料来源：根据调查问卷的样本数据，运用SPSS 24.0软件整理所得。
注：$P < 0.05$时存在显著差异。

（4）在校园欺凌行为的旁观者中，女生人数显著多于男生。

韦氏词典把旁观者界定为"在现场但是没有参与事件的个体"，应用于校园欺凌的分析中，也就是指那些目睹了打架或是暴力冲突的学生。① 表 12 的结果显示，在本研究中，校园欺凌的旁观者一共有 460 人，其中有 193 人是男生，267 人是女生，男女生之间存在显著差异（$\chi^2 = 7.534$，$P < 0.05$）。

表 12 校园欺凌行为的旁观者

		性别		合计	卡方值 (χ^2)	显著水平 (P)
		男生	女生			
是否是旁观者	否	1618	1699	3317	7.534	0.006
	是	193	267	460		

资料来源：根据调查问卷的样本数据，运用 SPSS 24.0 软件整理所得。
注：$P < 0.05$ 时存在显著差异。

五、家庭环境对男生和女生校园欺凌行为的影响

为了在进行影响因素分析时能够对其进行稳定性检验，本研究利用 OLS 和 Oprobit 两个模型对受欺凌行为和欺凌他人行为分别进行了回归。当对受欺凌行为和欺凌他人行为的分数加总而不分段时，将这两个因变量视为连续变量，采用 OLS 模型；当对受欺凌行为和欺凌他人行为的分数既进行加总又进行分段时，将这两个因变量视为定序变量，采用 Oprobit 模型。回归结果如表 13、14 所示。

表 13 受欺凌行为性别差异的影响因素分析

	男生		女生	
	OLS 模型	Oprobit 模型	OLS 模型	Oprobit 模型
亲子关系	-0.309	-0.078*	-0.276*	-0.071
	(0.161)	(0.037)	(0.122)	(0.041)
父母的教育方式	-0.005	-0.045	-0.291**	-0.110**
	(0.138)	(0.033)	(0.103)	(0.035)
父母监管	-1.184**	-0.205**	-0.588**	-0.144**
	(0.155)	(0.035)	(0.123)	(0.040)
父母关系	-0.152	0.030	-0.243*	-0.065
	(0.159)	(0.037)	(0.123)	(0.040)

---

① 宋雁慧：《关于校园暴力旁观者的研究综述》，载《中国青年研究》2014 年第 3 期。

(续表)

	男生		女生	
	OLS 模型	Oprobit 模型	OLS 模型	Oprobit 模型
家庭结构	-1.292**	-0.228**	-0.822**	-0.284**
	(0.294)	(0.067)	(0.216)	(0.071)
父亲受教育程度	0.109	0.002	-0.247*	-0.076*
	(0.136)	(0.031)	(0.107)	(0.036)
母亲受教育程度	-0.007	-0.015	-0.242*	-0.082*
	(0.133)	(0.031)	(0.105)	(0.035)
家庭的经济社会地位	-0.169	-0.009	0.113	0.075
	(0.156)	(0.036)	(0.134)	(0.045)
_cons	21.078**		17.567**	
	(0.905)		(0.699)	
Cut1				
_cons		-0.859**		-0.621**
		(0.211)		(0.231)
Cut2				
_cons		-0.346**		-0.128**
		(0.210)		(0.231)
N	1811	1811	1966	1966
F	12.89		10.59	
R^2	0.054		0.042	
调整后的 R^2	0.050		0.038	
P	0.000	0.000	0.000	0.000
卡方值		62.77		64.06
伪 R^2		0.021		0.025

资料来源：根据调查问卷的样本数据，运用 STATA 软件整理所得。
注：小括号内为标准误差；*$P<0.05$，**$P<0.01$。

表14　欺凌他人行为性别差异的影响因素分析

	男生		女生	
	OLS 模型	Oprobit 模型	OLS 模型	Oprobit 模型
亲子关系	-0.105	-0.135**	-0.104	-0.155**
	(0.106)	(0.047)	(0.074)	(0.058)
父母的教育方式	0.156	0.050	-0.027	-0.031
	(0.090)	(0.043)	(0.062)	(0.054)

(续表)

	男生		女生	
	OLS 模型	Oprobit 模型	OLS 模型	Oprobit 模型
父母监管	-0.903**	-0.217**	-0.473**	-0.287**
	(0.102)	(0.043)	(0.075)	(0.053)
父母关系	0.305**	-0.047	-0.203**	-0.073
	(0.105)	(0.045)	(0.075)	(0.057)
家庭结构	-0.743**	-0.324**	-0.186	-0.222*
	(0.193)	(0.083)	(0.131)	(0.101)
父亲受教育程度	-0.157	-0.074	-0.029	-0.073
	(0.089)	(0.040)	(0.064)	(0.053)
母亲受教育程度	0.114	0.012	0.014	0.050
	(0.087)	(0.038)	(0.064)	(0.052)
家庭的经济社会地位	-0.131	-0.012	-0.018	-0.002
	(0.102)	(0.045)	(0.081)	(0.063)
_cons	17.082**		13.795**	
	0.594		(0.423)	
Cut1				
_cons		-0.690**		-0.600**
		(0.265)		(0.327)
Cut2				
_cons		-0.126**		0.066*
		(0.265)		(0.327)
N	1811	1811	1966	1966
F	17.85		9.53	
R^2	0.073		0.038	
调整后的 R^2	0.069		0.034	
P	0.000	0.000	0.000	0.000
卡方值		76.3		60.23
伪 R^2		0.049		0.057

资料来源：根据调查问卷的样本数据，运用 STATA 软件整理所得。

注：小括号内为标准误差；*$P<0.05$，**$P<0.01$。

（一）家庭环境各因素对男女生受欺凌行为影响的异同

1. 相似性

（1）在 OLS 模型和 Oprobit 模型下，父母监管和家庭结构对男女生都有显著的负向影响,且均在 $P<0.01$ 的水平下显著,说明这两个因素对男女生的受欺凌行为的负向影响十分稳定。(2) 在 OLS 模型下,亲子关系对女生的受欺凌行为具有显著的负向影响,对男生无显著影响;在 Oprobit 模型下,亲子关系对男生的受欺凌行为具有显著的负向影响,对女生无显著影响。这说明亲子关系对男女生受欺凌行为的负向影响均不稳定。

2. 相异性

(1) 父母的教育方式和父母受教育程度均显著且稳定地负向影响女生的受欺凌行为,即教育方式越民主、父母受教育程度越高,女生在学校受欺凌的风险越低,但是这三个因素对男生的影响均不显著。(2) 在两个模型下,父母关系对男生影响的回归系数正负不一致,因此对男生受欺凌行为的影响有待进一步研究。但是,父母关系对女生具有显著的负向影响,即父母关系越差,受欺凌的可能性越高,但是此负向影响并不稳定。(3) 家庭的经济社会地位负向影响男生的受欺凌行为,即家庭的经济社会地位越高,男生受欺凌的可能性越低,对女生则呈现出正向影响。但是,对男女生受欺凌行为的影响均不显著。

(二) 家庭环境各因素对男女生欺凌他人行为影响的异同

1. 相似性

(1) 在 Oprobit 模型下,亲子关系显著负向影响男女生的欺凌他人行为,即亲子关系越差,欺凌他人的可能性越高,但在 OLS 模型下,亲子关系对男女生欺凌他人行为的负向影响并不显著,所以亲子关系对男女生欺凌他人行为的负向影响显著但不稳定。(2) 在 OLS 模型和 Oprobit 模型下,父母监管对男女生的欺凌他人行为都有显著的负向影响,且均在 $P<0.01$ 的水平下显著,说明父母监管对男女生欺凌他人行为的负向影响十分稳定。(3) 父母受教育程度与家庭的经济社会地位对男女生欺凌他人行为不具有显著影响。

2. 相异性

(1) 父母的教育方式正向影响男生的欺凌他人行为,即教育方式越民主,男生在学校欺凌他人的可能性越高。该因素对女生则呈现负向影响,即教育方式越民主,其欺凌他人的可能性越低,但是这一因素对男女生欺凌他人行为的影响均不显著。(2) 父母关系对男生欺凌他人行为影响的回归系数正负不一致,因此对男生欺凌他人行为的影响有待进一步研究。但是,父母关系对女生具有显著的负向影响,即父母关系越差,其欺凌他人的可能性越高,但是此负向影响并不稳定。(3)较完整的家庭结构对男女生欺凌他人行为的可能性均具有显著的抑制作用,但是对男生的抑制作用是稳定的,对女生的抑制作用并不稳定。

六、结论与启示

（一）结论

综合前面的数据分析,我们发现,现阶段中国的校园欺凌行为仍然是男生占据主导地位,且男女生之间存在显著的性别差异,主要表现在四个方面:(1)男生只受欺凌和既受欺凌又欺凌他人的人数显著多于女生,且在四种校园欺凌形式中,男生人数均显著多于女生。(2)被同班同学、高年级同学以及低年级同学欺凌的男生人数显著多于女生;欺凌他人主体中混合性别群体最多,但与是否受惩罚一样,均不存在显著的性别差异。(3)在上下学路上遭受欺凌的男生人数显著多于女生,但男女生在隐瞒受欺凌事件方面不存在显著差异。(4)在校园欺凌行为的旁观者中,女生人数显著多于男生。

通过对受欺凌行为和欺凌他人行为分别进行 OLS 和 Oprobit 回归分析,发现:(1)亲子关系对男女生卷入校园欺凌具有显著但不稳定的负向影响。(2)父母监管对男女生卷入校园欺凌行为都有显著且稳定的负向影响。(3)家庭结构对受男女生的受欺凌行为均具有显著且稳定的负向影响,但是,对男生欺凌他人行为具有显著且稳定的负向影响,对女生欺凌他人行为的负向影响显著但不稳定。(4)父母的教育方式对女生受欺凌行为具有显著且稳定的负向影响,对男生无显著影响。(5)父母关系对女生受欺凌行为具有显著但不稳定的负向影响,对男生无显著影响;父母关系对女生欺凌他人行为具有显著但不稳定的负向影响,对男生的影响无法确定是正向还是负向,还有待进一步研究。(6)父母受教育程度对女生受欺凌行为具有显著且稳定的负向影响,对男生无显著影响,但其对男女生欺凌他人行为均无显著影响。(7)家庭的经济社会地位对男女生卷入校园欺凌行为均无显著影响。

（二）启示

针对以上研究结果,我们认为家庭防控校园欺凌风险的措施应采取性别差异化的干预策略。

(1) 对于女生,父母应着重转变教育方式,加强移情训练,防止其卷入校园欺凌。

本研究结果显示,父母的教育方式对女生的校园欺凌行为具有显著且稳定的负向影响,即教育方式越民主,女生卷入校园欺凌的可能性越低。另外,本研究中校园欺凌旁观者的女生人数显著多于男生,有研究表明,通过对旁观者进行移情教育可有效削弱校园欺凌行为中欺凌者的地位及影响力[1],并且该方法对女生的作用尤其明显[2]。因此,对于女生来说,家庭防控校园欺凌风险的关键在于父母教育方式的转变以及移情教育的开展。

首先,父母在教育孩子时应坚持民主、平等的原则,实行"爱与教"相结合的教育方式。"爱"不是指一味地宠爱,而是指父母在关爱孩子的同时,尊重孩子的选择,给她们适当的独立与自由;"教"是指严格要求孩子,但不是采取暴力的手段,而是通过与孩子进行有效沟通,给予她们正确的引导。其次,父母应积极提高自身的素质,发挥带头示范作用。父母对孩子的教育不应只停留在辅助学业的层面,更应该帮助孩子形成健康、积极的心理状态。一方面,父母在平时的生活中要时刻注意自己的言行,尽量减少负面情绪以及暴力行为,做孩子语言和行动上的表率;另一方面,父母要通过相关教育网站、讲座培训等途径获取相关的知识和方法,培养孩子积极健康的心态。最后,在营造和谐家庭环境的同时,父母可通过讲故事、角色扮演、情景游戏等方法开展移情教育,从小训练孩子的情绪认知能力以及换位思考能力,以加强她们反校园欺凌的态度,增加她们对弱势群体的同情心,培养她们对校园欺凌行为说"不"的勇气。

(2) 对于男生,父母应着重通过加强共同教育,加大监管力度,防止其卷入校园欺凌。

从研究结果来看,男生对家庭结构更为敏感,无论是受欺凌行为还是欺凌他人行为,家庭结构均对男生具有显著且稳定的负向影响,也就是说,完整的家庭结构有助于降低男生卷入校园欺凌的可能性。除此之外,父母监管对男女生的校园欺凌行为也具有显著且稳定的负向影响,即父母对子女监管水平越高,子女卷入校园欺凌的可能性越低,而性别差异分析结果显示,父母对男生的监管水平显著低于女

---

[1] C. F. Garandeau, A. Vartio, E. Poskiparta, *et al.*, School Bullies' Intention to Change Behavior Following Teacher Interventions: Effects of Empathy Arousal, Condemning of Bullying, and Blaming of the Perpetrator, *Prevention Science*, Vol. 17, No. 8, 2016.

[2] L. Rueckert, N. Naybar, Gender Differences in Empathy: The Role of the Right Hemisphere, *Brain Cogn*, Vol. 67, No. 2, 2008.

生。因此，对于男生来说，父母共同教育的加强以及父母监管力度的加大才是家庭防控男生卷入校园欺凌风险的关键。

首先，父母应平衡工作与家庭，共同承担对孩子的教育责任。在大多数家庭中，"男主外、女主内"的家庭模式直接将教育子女的责任推给了母亲，从而导致父亲参与子女教育的机会较少或者母亲过度替代了父亲的角色。然而，在子女性别角色健康发展的过程中，除了需要吸收母亲的温柔、细心等女性特质外，更需要继承父亲的坚强、勇敢、大度、有责任心等男性特质，这对男生来说非常重要，尤其是离异家庭中的男生。因此，父母（尤其是父亲）可以通过建立与孩子固定的相处时间来保证全方位教育，如在周末陪同孩子参加户外活动、兴趣班等。其次，父母应加强对男孩的监管力度，减少他们卷入校园欺凌的机会。监管并非等于严厉的控制，控制往往具有强制性和压制性，而本文所说的监管指的是了解孩子的行为动向、了解孩子的心理状态等，相较于控制而言，监管更具有积极性。例如，了解他们的交友圈以及近期的行为动向，规定他们的网络使用时间与用途以及他们在外活动的时间和范围等。

（3）父母要学会借助外部力量，加强家庭防控校园欺凌风险的能力。

校园欺凌风险的预防不能仅仅依靠家庭，还需要学校等外部力量的通力协作。一方面，学校要指导家长开展合理的反校园欺凌行动，如通过制定预防校园欺凌的指导手册、定期召开家长会、开设专家讲座等形式向家长普及校园欺凌的相关知识，教家长如何辨别自己的孩子是否遭受欺凌或者是否存在施暴倾向，同时指导家长有效地预防孩子卷入校园欺凌，以及有效地处理欺凌事件等。另一方面，家长要积极配合学校的反校园欺凌工作，如积极参加学校组织的反校园欺凌活动，主动与学校老师进行线上和线下的交流和沟通，掌握孩子在学校的表现以及身心发展状况，以便于及时调整预防校园欺凌的家庭教育方式和方法。

网络安全研究

公共空间盲区：网络舆情治理绩效的因果链条
——基于 CNA 方法的实证研究*

郎　玫　简楠韬**

摘　要：网络舆情是一把双刃剑，它既可以成为网络空间对现实事件的反馈渠道和人们广泛参与到公共事件中的平台，也可以成为伤害当事人、恶意造谣、舆论失控的罪魁祸首。而在网络舆情发展的过程中，往往会出现本该受到人们关注的公共问题而各参与方却自动回避的现象，本文将其称为"公共空间盲区"。盲区的生成会极大地影响公共议题在网络平台的理性探讨，进而引发网络舆情的恶性问题，能否避免盲区的产生将是未来政府舆情治理能力最重要的体现。基于此，本文提出公共空间盲区的理论分析框架并进一步讨论其影响因素，并通过 CNA 方法对理论上存在的因果链条进行实证检验。研究发现，公共空间盲区的影响因素主要存在于情绪因素、传播模式、发酵模式、政府回应以及媒体平台等要素组合后的多重并发路径中，并验证了从政府的无效回应到公共空间盲区生成之间的因果链条。

关键词：公共空间盲区；网络舆情；CNA 方法；治理绩效

一、引言

网络舆情事件本身具有特殊性，"非理性"往往构成人们对舆情事件的一种常

---

* 本文系国家自然科学基金青年项目（项目编号：7190040183）；教育部青年基金项目（项目编号：19YJC810007）；兰州大学中央高校基本科研业务专项经费资金项目（项目编号：18LZUJBWZX007）阶段性成果。

** 郎玫，行政管理学博士，政治学博士后，兰州大学管理学院副教授，主要研究领域：政府绩效管理、政府治理理论。简楠韬，兰州大学管理学院本科生，主要研究领域：政府绩效管理、网络舆情治理。

态化反应，由于事件在网络空间触发并讨论，其触发方式与真实事件有较大区别，而由于参与人本身存在的非理性动机，其发表的言论往往具有极端性，这使得网络舆情事件最终可能较大程度地偏离事实本身，或衍生为完全非理性的结果。但随着网络的普及与社会经济的发展，网络空间也呈现出结构性的变化，某些舆情事件往往成为某项政策出台的外在积极舆论压力。特别是在党的十八大以后，在地方政府的角色转化和深化改革的过程中，地方政府十分注重对网络舆情的处理，一方面是因为地方政府各个职能部门对于舆情所反映的问题进行正面回应的意识和能力在不断提升；另一方面是因为政府对舆情的处置与应对往往反映政府价值诉求的转化，即地方政府价值诉求从"管理"向"治理"转化，从"管控"向"回应"转化，从"互动"向"参与"转化。随着5G时代的到来，网络舆情的传播方式、发酵途径都在不断发生变化，其速度、广度、深度的变化都需要政府不断地提升舆情治理能力。政府对舆情的引导能力、处理能力、回应能力的不足将对政府治理网络舆情综合能力的提升形成巨大挑战。同时，舆情所能够带来的外在压力在不断扩大，政府部门如果一味地被动回应，也会出现另一层面的问题。这需要对舆情内在的微观现象进行更为深入的剖析和结构性的分解，从而进一步发现舆情事件内部的问题。公共空间盲区的提出，意在研究在网络舆情事件的发酵过程中，已表现出较为明显的具有公共议题的延伸性可能的情况下，甚至具有影响每个人公共生活的特征的情况下，但却因各种原因使其产生的公共议题明显地被各个参与方所忽视，从而无法形成能够影响公共议题的有效讨论，最终将一个可能具有潜在讨论价值的舆情事件变为一部无意义循环的"肥皂剧"。关注该问题打开了解析舆情内在微观机制的一个新的视角，通过该视角能够进一步丰富舆情事件的分析框架。

二、公共空间盲区生成的理论分析框架

（一）网络舆情治理的相关文献回顾

伴随着新信息时代的到来，网络舆情成为互联网时代的新产物。中共中央宣传部舆情信息局将网络舆情定义为："社会舆情在互联网空间的映射和直接反映，是社会大众和新闻媒体以互联网为传播载体，针对自身关注的或与自身利益直接相关的热点事件、特定议题与社会现象所表达的认知、态度、情绪、意愿、意见、观点

和行为的总和,具有系统性、复杂性与关联性的特征"①。网络舆情的生成遵循"刺激—反应"的典型路径,是公共事件刺激下各种因素综合作用的结果,是人们在受到互联网传播的事件刺激后而产生的,对该事件的认知、态度、情感和行为倾向的信息集合。② 目前,学术界对于网络舆情的研究非常丰富,并且呈现出多学科、综合性与深入性的特点。③ 学者们从不同视角研究网络舆情发生、传播及其产生的影响④,舆情的个体与集体行为⑤以及政府如何有效治理网络舆情⑥。

一是关于网络舆情事件的演化路径研究。学术界对于网络舆情演化过程中的形成期以及消退期的划分已形成一致性观点,主要的争论在于中间阶段的划分⑦。持"三阶段"观点的学者们将网络舆情的演化过程划分为"传播—扩散—消退"三个阶段,主要是在简化的模型下研究网络舆情事件的影响因素、阶段特征和预警机制。⑧ 持"四阶段"观点的学者们在"形成—爆发—缓解—平复"四阶段的框架下分析网络舆情治理的对策、传播阶段管理以及舆论引导策略。⑨ 也有学者从"五阶段""六阶段"乃至"多阶段"研究网络舆情事件的形成模式与传播机制、传播阶

---

① 中共中央宣传部舆情信息局:《网络舆情信息工作理论与实务》,学习出版社2009年版,第33页。
② 曾润喜:《网络舆情管控工作机制研究》,载《图书情报工作》2009年第18期;左蒙、李昌祖:《网络舆情研究综述:从理论研究到实践应用》,载《情报杂志》2017年第10期;曾润喜、陈创:《基于非传统安全视角的网络舆情演化机理与智慧治理方略》,载《现代情报》2018年第11期;田进、张明垚:《棱镜折射:网络舆情的生成逻辑与内容层次——基于"出租车罢运事件"的扎根理论分析》,载《情报科学》2019年第8期。
③ 刘博:《网络公共事件中的群体情绪及其治理》,载《上海行政学院学报》2017年第3期。
④ 史波:《公共危机事件网络舆情内在演变机理研究》,载《情报杂志》2010年第4期;吴维忠:《网络公共事件中的对话与限度》,载《学术界》2014年第12期;王满满:《网络行动者的新媒体使用特征、影响及媒介民主化》,载《新闻传播》2015年第3期。
⑤ 高恩新:《互联网公共事件的议题建构与共意动员——以几起网络公共事件为例》,载《公共管理学报》2009年第4期;姚迈新:《互联网舆论的演变逻辑与作用机制——对几起网络公共事件的解读》,载《行政与法》2010年第6期;高抗:《试论网络集群行为的生成演变机理——以胡斌飙车案引发的网络公共事件为例》,载《中共浙江省委党校学报》2010年第5期;倪明胜:《网络公共事件:研究维度、舆情生态与治理机制》,载《中共天津市委党校学报》2013年第4期。
⑥ 郁彩虹:《网络公共事件的发展态势和应对策略》,载《唯实》2011年第Z1期;赵蓉:《网络公共领域的协商治理研究》,载《南京航空航天大学学报(社会科学版)》2016年第1期;贺芒、张冰河:《后现代语境下公共行政话语解构研究——以网络公共事件中的流行话语符号为例》,载《中国行政管理》2015年第5期;费久浩:《民粹主义视阈下网络群体性事件的演化机制研究》,载《电子政务》2016年第6期。
⑦ 左蒙、李昌祖:《网络舆情研究综述:从理论研究到实践应用》,载《情报杂志》2017年第10期。
⑧ 金兼斌:《网络舆论的演变机制》,载《传媒》2008年第4期;潘崇霞:《网络舆情演化的阶段分析》,载《计算机与现代化》2011年第10期;兰月新、曾润喜:《突发事件网络舆情传播规律与预警阶段研究》,载《情报杂志》2013年第5期。
⑨ 姜胜洪:《网络舆情形成与发展规律研究》,载《兰州学刊》2010年第5期;谢耘耕、荣婷:《微博舆论生成演变机制和舆论引导策略》,载《现代传播(中国传媒大学学报)》2011年第5期;王旭、孙瑞英:《基于SNA的突发事件网络舆情传播研究——以"魏则西事件"为例》,载《情报科学》2017年第3期。

段、传播模式。①

二是关于网络舆情事件的传播与发酵模式的研究。对于网络舆情事件的传播、扩散模式主要针对平台、载体、传播特性等进行研究。微博、微信是网络舆论形成、传播、扩散的主要平台，微博公共事件的爆发受信源特质和信息内容两种驱动力的影响，其驱动模式包括辐射式、链式和复合式三种，具有跨越时空限制、受众高度参与等特点②；而微信由于系统的相对封闭性，其舆论传播形式主要为相对封闭的圈层结构，在利益诱惑以及监管相对不足的情况下，容易形成屡禁难止的"灰色信息"③。

三是网络舆情事件的主体结构的研究。网络舆情的主体指的是对社会事务发表意见或采取具体行为的个体或者群体，网民、当事者、自媒体、传统媒体、政府、意见领袖等都属于网络舆情事件的主体范畴。④ 网络空间的开放性、匿名性、弱规范性和低公信力致使公民网络参与行为具有很大的不确定性，降低了网络空间的个人责任，增加了公民的非理性与暴力性，使网络公共空间面临无序化的危险，而这种无序化很容易导致舆论的情绪化与过激化，造成"群体极化"与"多数人的暴政"，最终影响政府的判断与决策。⑤ 公共事件借助新兴媒体传播方式催化了社会情绪的形成与扩散，由于阶层壁垒与流动失衡产生的部分群体不满情绪以公共事件为宣泄渠道，冲击网络秩序。⑥ 因此，在公共领域现代转型的过程中，尽管网络公共空间满足了公共领域形成的基本构成条件，但由于公共领域在网络空间的复杂境遇，造成了公共议题碎片化、"沉默的螺旋"、"群体极化"、道德缺失、理性缺失、

---

① 李彪：《网络事件传播阶段及阈值研究——以2010年34个热点网络舆情事件为例》，载《国际新闻界》2011年第10期；杨斌成、何芝莹：《网络群体事件的形成模式与舆论传播机制》，载《中州学刊》2013年第5期；李明德、蒙胜军、张宏邦：《微博舆情传播模式研究——基于过程的分析》，载《情报杂志》2014年第2期。

② 马捷、魏傲希、靖继鹏：《微博信息生态系统公共事件驱动模式研究》，载《图书情报知识》2014年第4期；于潇：《东南卫视官方微博传播策略探析》，载《中国广播电视学刊》2019年第7期。

③ 徐敬宏、胡世明：《微信公众号信息传播三大规律及其运用》，载《中国出版》2019年第10期；陈希源：《对微信朋友圈信息传播功能的分析研究》，载《电子世界》2019年第14期。

④ 王平、谢耘耕：《突发公共事件网络舆情的形成及演变机制研究》，载《现代传播（中国传媒大学学报）》2013年第3期；左蒙、李昌祖：《网络舆情研究综述：从理论研究到实践应用》，载《情报杂志》2017年第10期。

⑤ C. R. Sunstein, *Republic. com*, Princeton University Press, 2001, p.63；张美玉：《网络空间中"公共领域"的建构困境——以微博为例》，载《新闻研究导刊》2018年第14期；刘敬、杜洁：《媒介融合下网络公共领域的理性缺失》，载《传媒论坛》2019年第15期；I. Rowe, Civility 2.0: A Comparative Analysis of Incivility in Online Political Discussion, *Communication & Society*, Vol. 18, No. 2, 2015。

⑥ 刘博：《网络公共事件中的群体情绪及其治理》，载《上海行政学院学报》2017年第3期。

公共性弱化、主体独立性消解等一系列问题。①

四是关于政府治理网络舆情的研究。网络媒体作为继报纸、广播、电视之后的"第四媒体",在网络舆情事件中扮演着举足轻重的角色,网络媒体特别是自媒体的存在使得群众意见表达更加活跃,但也存在信息噪音干扰使真伪难辨、信息不对称加剧舆情危机、信息碎片化带来舆论偏颇、经济利益造成秩序混乱以及实时监测难度提升等挑战。② 对于政府来说,积极、有效的政府治理,能够在一定程度上推进舆情事件的消退进程,但现阶段政府网络舆情治理存在应对不及时、重视不足、经验不足、回应能力不足、观念落后以及应对机制不健全等问题,消极的政府回应既损害了政府的公信力与形象,又滋生了网络暴力,引发了社会矛盾。③ 在网络舆情事件中,政府可以扮演直接涉事主体、管理机构以及间接涉事主体三种角色④,由于政府在应对网络舆情事件时存在的技术困境、行动困境、话语困境与制度困境,政府应对网络舆情的治理绩效受到了很大程度的制约⑤。

基于学者的研究,本文主要从网络舆情事件演化过程中产生的公共空间盲区为着眼点,意图讨论在舆情事件的整个周期过程中,大众为何会完全忽视进入公共议题的可能,导致形成"盲区",进而讨论盲区形成的前因条件。集中于网络舆情事件发生结果的影响因素的研究,学者总结的影响因素基于不同的理论视角十分复杂,与本文所选主题相关的前因变量研究包括如下结构:网络舆情演化过程、扩散模式、主体结构,通过三者形成的关系,构建公共盲区生成的理论框架,并在理论框架的基础上界定盲区生成的前因变量,运用 CNA 方法,寻找结果变量与前因变量形成的因果链条,进一步实证可能路径产生的原因及其舆情治理绩效的表现与结果。

---

① 丁桃:《论博客社区中公共领域的理性缺失》,载《内蒙古社会科学(汉文版)》2008 年第 1 期;李立:《我国公共领域道德缺失的主要表现与重建路径》,载《公安研究》2014 年第 3 期;余梦月:《构建网络公共领域新秩序》,载《人民论坛》2019 年第 20 期;邱雨:《网络时代公共领域的解构危机》,载《求实》2019 年第 3 期。

② 黄楚新、王涵:《新传播环境下的舆情特点及挑战》,载《新闻与写作》2017 年第 3 期;张淑瑛:《自媒体网络舆情传播机制与治理研究》,载《新媒体研究》2019 年第 8 期。

③ 刘泾:《新媒体时代政府网络舆情治理模式创新研究》,载《情报科学》2018 年第 12 期;李月亮:《新时期政府网络舆情回应值得关注的几个问题》,载《传播力研究》2018 年第 21 期;史枚翎:《地方政府突发事件网络舆情治理分析》,载《传播力研究》2019 年第 22 期。

④ 王平、谢耘耕:《突发公共事件网络舆情的形成及演变机制研究》,载《现代传播(中国传媒大学学报)》2013 年第 3 期。

⑤ 周伟:《自媒体时代网络舆情政府回应困境与消解路径》,载《情报杂志》2018 年第 4 期。

(二) 公共空间盲区的概念及其生成的理论框架

1. 公共空间盲区的概念

公共空间盲区是在实际网络舆情发生过程中观察到的具体现象，这一现象在网络舆情事件中具有一定的代表性，反映了在某些网络舆情事件从触发、传播到结束的过程中，存在公共空间无法进入讨论视野的盲区现象。公共空间盲区指在整个网络舆情的发酵和参与人加入的过程中，在应有公共议题介入的情况下，参与各方却集体忽视公共议题，从而使得公共议题完全无法进入公共空间的讨论范围，进而使得某些网络舆情事件彻底偏离公共空间，事件结果往往成为无意义的情绪宣泄或者非理性的骂战。网络舆论最终形成公共空间盲区会造成网络舆情事件的治理失衡甚至失控，讨论其内在生成与影响因素以及其产生的因果链条将提高网络舆情治理的效率。总之，公共空间盲区这一微观现象对网络舆情的影响是深远的，并且其表现的形式在不断地变化。对这一概念的定义既来源于实际在网络舆情中的观察，又来源于对该现象的抽象，两者共同形成讨论这一问题的基础。

2. 公共空间盲区生成的理论框架

公共空间盲区既是实际在舆情事件中所观察到的，又是理论上可以进行界定和研究的概念。公共空间盲区是如何产生的，其影响因素和内在机制是什么，另外，盲区的发生又对舆情治理产生何种影响，这些问题需要通过在不同案例之间进行比较来深入研究，以探究其内在的生成机制。将公共空间盲区生成的静态空间和动态空间进行叠加，并同时考虑嵌入的主体结构，形成从空间维度、时间维度、主体嵌入三个维度上对公共空间盲区进行分析的框架构建，而构建这一框架能够进一步形成公共空间盲区的前因变量，并研究其内在的因果链条。

分析框架如图1所示，空间维度、时间维度、主体嵌入构成公共空间盲区分析的三维结构。从三个坐标中可以看出，它们两两构成一个面向，进而形成不同维度的影响因素。

第一，空间维度是指在舆情事件发生过程中，舆情事件在空间中具有的静态特性。舆情事件的特性是较为复杂的问题，由于不同的分类标准，舆情事件能够呈现出较为复杂的特性。基于对未来生成公共空间盲区的可能性的关注，在空间维度的分类中，则通过事件的共情认知来对事件进行基本特征的界定与基本特性的分类。事件共情性是指网络舆情事件的发生与每个公民所感知事件的距离，所谓的共情（empathy，也有人译作"同理心""移情"或"神入"）是一个人能够理解另一个

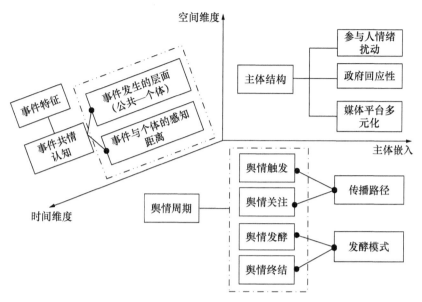

图 1　公共空间盲区生成的理论框架

人的独特经历,并对此作出反应的能力。共情能够让一个人对另一个人产生同情心理,并做出利他主义的行动。① 之所以选择该变量是因为网络舆情是否会具有最终的"盲区现象"与此事能够产生的情感共鸣的强弱有很大关系。简单而言,情感共鸣越大则越能够让更多的人生成共情认知,进而更可能因情绪"失控"而走向盲区。事件共情认知能够较好地将事件进行分类,同时给出事件基于静态的基本状态判断。

第二,时间维度是网络舆情事件发展的整个周期,是从舆情的触发、关注、发酵到终结的全过程。舆情"触发—关注"的过程,将其概括为舆情的传播路径,舆情的触发往往非常重要,触发的话题特征、属性决定了舆情之后发展的可能性。② 舆情"发酵—终结"的过程关注的是舆情发酵模式,即舆情通过什么渠道发酵,发酵的模式有何种区别,进而得出两种不同路径上的差异比较。

第三,主体嵌入是主体在整个事件中形成的参与结构和参与效果,是相对静态的过程。主体嵌入是指不同的主体在整个舆情中的作用。参与人作为参与舆情的一般网民,往往容易根据话题的进展产生情绪上的扰动,进而影响整个舆情后期发展的走向。政府是参与舆情重要的主体,往往带有官方色彩,特别是相关议题在与政

---

① C. D. Batson, *Self-report Ratings of Empathic Emotion*, Cambridge University Press, 1990, pp.356-360;吴飞:《共情传播的理论基础与实践路径探索》,载《新闻与传播研究》2019 年第 5 期。

② 匡文波、周倜:《"两微"舆情的新特征及治理对策》,载《人民论坛》2019 年第 19 期。

府互动之后往往会出现走向上的变化,这是由于政府回应性往往对舆论导向有重要影响所导致。① 在舆情具体的发酵过程中,地方政府主动作为积极引导舆情,最终成功化解舆情的例子是政府舆情治理能力的体现。也有因地方政府消极应对而形成的舆情失控乱象,因此政府的回应对于舆情发展至关重要,政府的态度、反馈、处理意见都强烈地影响舆情走向。媒体平台是舆情参与的重要主体,不同于个体,媒体平台往往作为群体的意见出现,通过对事件更为详细的解析来分析事件,具有一定的客观性。理论上媒体平台越多元,公共空间的盲点就会越少,但此时同样存在另一种可能,即部分媒体平台恶意扭曲事实导致事件变得更加复杂,甚至成为谣言的传递者,进一步将舆情引向混乱。

三个维度从时间、空间、参与主体构成本文的分析框架,并紧紧围绕公共空间盲区的生成结果,形成既有时间动态过程,又有空间结构并且考虑嵌入主体的完整分析框架,能够较为清晰地呈现舆情事件所具有的前因关系。

(三) 公共空间盲区生成的因果链条

以上分析所体现的是整个舆情事件的结构性框架,通过结构性框架,寻找公共空间盲区的前因变量,并对前因变量具有的内在因果链条进行分析,形成因果链条的逻辑关系。公共空间盲区生成的因果链条如图2所示。

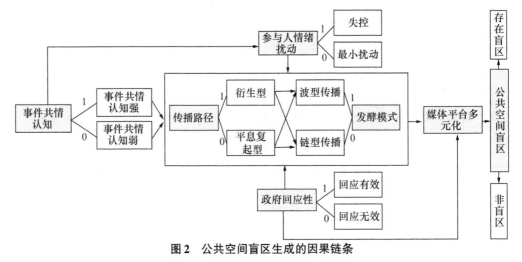

图2 公共空间盲区生成的因果链条

---

① 黄扬、李伟权:《网络舆情下间断—均衡模型如何更好解释中国的政策变迁?——基于30个舆情案例的清晰集定性比较分析》,载《情报杂志》2019年第3期。

1. 共情认知。舆情事件的共情认知构成整个事件的逻辑起点，同时也是事件的认知起点。从认知起点出发，人们首先基于情感和共情进行判断，从而形成对事件的关注，构成事件发展的基础。舆情事件的共情认知是公共空间盲区生成的逻辑起点，不同的情感共情认知本身就构成了后期公共空间盲区生成的先决条件。

2. 传播路径。由认知结构构成前提，舆情事件在时间维度展开逻辑关系，通过传播路径（衍生型、平息复起型）构成从舆情触发到舆情关注的主要影响因素。衍生型话题传播往往具有首发性，舆情是以前没发生的新问题。由于是新问题，通过话题衍生出来的内容会较为丰富，甚至在不断的剧情反转中扰动人们的神经，同时衍生型话题更容易走向失控。衍生型话题往往会无端发生分叉，从而让人们无法预测事态的发展，同时也较为可能受到舆论操控，成为话题新闻，并进一步丧失回归问题本身的能力。平息复起型话题更多的是以前讨论过的话题又被新的事件重新提起，往往具有前期讨论的基础，则更可能走向成熟与理性。

3. 发酵模式。发酵模式是舆情事件发展后期的过程，主要集中于事件传播的方式。舆情事件的传播方式主要分为两种：波型传播模式与链型传播模式。波型传播主要指传播的过程更多的是以一个点向外的扩散型传播，像水波纹一样不断向外扩散。波型传播的特点是通过熟人圈进行传播，通过不断地向外扩散来增加传播的力度，其可能的载体为微信。波型传播的特征更多发生在共情者之间，持久度会更高，但是由于太过于依赖熟人圈子，话题的内部稳定性较强，基本无法形成强有力的外在驱动力来改变舆情的发展方向。链型传播主要通过官媒或者较为有影响力的"大V"传播，因此传播的方式主要发生在发布主体与粉丝之间，有较强的影响力。链型传播的话题持续性不强，往往随着事件的发酵、事件的热度持续减温，但话题稳定性较强。

4. 参与人情绪扰动。参与人情绪扰动属于主体结构的范畴，主要是指在事件发生过程中参与人的情绪波动情况，与事件初始的共情认知有较大的因果联系。参与人情绪扰动基于两个层面来衡量：一是失控，即参与人在事件发酵过程中，情绪升温甚至失控（如在红黄蓝幼儿园虐童事件中，随着事件的发展，相关参与人的情绪扰动加大，甚至出现了完全脱离事件的谣言，并且在社会上引起对幼儿教育的全盘否定）。二是最小扰动，即参与人基本在事件发酵过程中保持了较为稳定的共情认知（如在"东方之星"号客轮沉船事件中，参与人的情绪基本在可控范围，没有出现更多的舆情发酵）。

5. 政府回应性。政府回应是舆情事件的关键环节，分为回应有效与回应无效。回应有效，是指政府在回应舆情事件的过程中从回应速度到回应质量都能够较好地引导舆情的发展态势。回应无效,是指政府没有回应或是回应完全无法引导舆情方向。政府的回应既是官方立场的表态,同时其回应的质量能否切中舆情的要害,又构成了舆情变化的重要环节。

6. 媒体平台多元化。从理论上说,舆情事件发酵过程中参与的媒体平台越多,则越可能有不同的利益群体发声,并最终形成更为理性的多角度论证,进而引导舆情走向。但媒体平台越多也会存在话题越凌乱,公众视野越分散,进而破坏舆情可能的一致性走向和公共议题的形成等问题。所以从因果链条来看,政府回应性与媒体平台多元化两者的不同组合会形成不同的盲区结果。

六个变量构成了公共空间盲区形成的前因变量,变量中有明显的先后顺序与相互的影响,构成在时间维度上的因果链条,综合以上分析,形成了静态与动态相结合的完整分析框架与公共空间盲区形成的因果反应链条。

三、公共空间盲区生成的实证检验

(一) 研究方法

导致某一特定社会现象出现的各种条件之间并非是独立的,而是相互依赖并共同作用于结果的。[①] 组态比较方法(Configurational Comparative Methods,CCMs)包含了使用布尔代数框架在内的各种可用来识别条件组态中复杂的相关或因果关系的技术。例如,定性比较分析(Qualitative Comparative Analysis,QCA)是目前运用最广泛的动态比较方法,它在政治学、新闻传播学、公共管理、工商管理、社会学等领域已得到广泛应用。

本研究将使用组态比较方法中的一种新技术——一致性分析(Coincidence Analysis,CNA)探究公共空间盲区发生的因果链条。[②] 第一,与 QCA 方法追寻的条件充分性解释范式不同,CNA 寻求严格最小化因果模型结果的充分必要条件。第二,CNA 可以将要处理的数据中任意数量的因素视为内生的(结果),并非是事前就已设定好的结果变量。第三,CNA 对构型的简化是通过一个为因果模型定制的优化算法,而不是利用 QCA 中的 Quine-McCluskey 优化方法来消除冗余条件。总的来

[①] 杜运周、贾良定:《组态视角与定性比较分析(QCA):管理学研究的一条新道路》,载《管理世界》2017 年第 6 期。

[②] M. Baumgartner, Inferring Causal Complexity, *Sociological Methods & Research*, Vol. 38, No. 1, 2009.

说，CNA 的优势在于可以识别共同的原因和因果链结构。此外，这一算法不需要知道哪些因素是内生的，哪些因素是外生的，它可以从数据中推断出来。更重要的是，有限的数据多样性并不会迫使 CNA 对数据进行反事实的添加。最后，QCA 程序往往无法找到所有的数据拟合模型，而本研究使用 CNA 不仅确保所有单一结果模型都被识别，而且还恢复了与数据相匹配的多结果模型的整个空间。①

（二）数据分析

1. 案例选择与变量赋值

根据理论分析模型的结构框架，遵循多样性、典型性、资料全面性等原则进行案例搜集与选取。通过检索网络新闻、学术文献与报刊资料，参考历年《中国互联网舆情研究报告》，共选取 28 个网络舆情热点案例。案例的时间跨度从 2015—2019 年，所涉及的领域也涵盖了官员问责、校园欺凌、环境保护、刑事案件、社会热点、医疗卫生等方面。

其中，前因变量与结果变量赋值依据如下：

（1）事件共情认知。共情认知以网络舆情事件的发生与每个公民所感知事件的距离为赋值依据，赋值标准是事件与个体的感知距离，共情领域分为个体层面与公共层面，事件与个体距离近则属于个体层面，反之属于公共层面。因此，共情领域是个体层面的赋值为 1，反之赋值为 0。

（2）舆情传播路径。衍生型话题赋值为 1，平息复起型话题赋值为 0，此处的 0—1 赋值是针对不同传播路径的两种模式，从而 0—1 的概念不具有指向性，只具有分类的意义。

（3）舆情发酵模式。波型传播模式赋值为 1，链型传播模式赋值为 0。此处的 0—1 赋值是针对不同信息发酵的两种模式，从而 0—1 的概念不具有指向性，只具有分类的意义。

（4）参与人情绪扰动。参与人情绪扰动关注的是事件发展过程中的情绪发展，如果事件存在参与人失控的报道则赋值为 1；参与人情绪较为平稳，没有出现极端报道的赋值为 0。

（5）政府回应性。政府回应性根据政府对舆情事件回应速度和回应有效性进行

---

① M. Baumgartner, R. Epple, A Coincidence Analysis of a Causal Chain: The Swiss Minaret Vote, *Sociological Methods & Research*, Vol. 43, No. 2, 2014.

标准判定，回应速度与回应有效性两个指标只要有一个低，则认为政府回应性低，同时在实际案例中，通过参考事件产生的谣言来对两个指标进行辅助判定。政府回应速度和有效性均高，赋值为1；回应速度与有效性其中一个低则赋值为0。

（6）媒体平台多元化。媒体平台多元化主要根据参与讨论的媒体平台的多元化与一元化来进行赋值，事件中参与讨论的媒体平台性质超过三个，如自媒体、官媒、个人发布、"大V"发布，则认为媒体平台是多元的，赋值为1；参与事件讨论的媒体只存在较为单一的主体，如1—2个，则认为媒体平台一元化，赋值为0。

（7）公共空间盲区。根据公共空间盲区的定义，舆情事件中明显涉及公共议题，但却没有任何议题进行讨论的或是本应是一个公共议题的讨论而最终偏离议题的，赋值为1，实际案例赋值中，通过舆情事件是否产生了实质在公共领域的共识性压力来进行赋值判定。舆情事件如果最终成功讨论了公共议题并形成实质性压力的，视为没有盲区出现，赋值为0。

案例赋值如表1所示：

表1 案例赋值表

序号	案例名称	事件共情认知	舆情传播路径	舆情发酵模式	参与人情绪扰动	政府回应性	媒体平台多元化	公共空间盲区
1	魏则西事件	1	1	1	1	1	0	0
2	雷洋事件	0	1	1	0	0	1	1
3	杨改兰事件	1	0	1	0	1	0	0
4	罗一笑事件	0	1	0	1	0	1	1
5	和颐酒店女子遇袭事件	1	0	1	1	0	1	1
6	"上海女孩逃离江西"事件	0	1	1	0	0	1	1
7	"抹香香"事件	0	0	1	0	1	0	0
8	红黄蓝幼儿园虐童事件	1	1	1	1	0	1	1
9	"4·1"泸县事件	1	0	1	1	0	0	1
10	杭州保姆纵火案	1	1	1	1	0	1	0
11	北京"驱逐低端人口"风波	0	0	1	1	0	0	1
12	南京南站猥亵女童案	1	1	1	1	1	1	0
13	严书记事件	0	1	1	0	1	1	0
14	长春长生疫苗事件	1	0	0	1	1	1	0
15	现实版"药神"	0	0	0	0	0	1	1
16	范冰冰逃税案	0	0	0	1	1	0	0
17	乐清"滴滴顺风车"命案	1	0	0	1	1	0	0
18	北京中关村二小"校园欺凌"事件	1	1	1	1	0	1	1

(续表)

序号	案例名称	事件共情认知	舆情传播路径	舆情发酵模式	参与人情绪扰动	政府回应性	媒体平台多元化	公共空间盲区
19	"媒体人"侮辱烈士母亲事件	1	0	1	0	1	1	0
20	重庆保时捷女司机打人事件	0	1	0	0	1	1	0
21	西安"前11排座位"事件	0	0	1	0	0	0	0
22	"奔驰女"车主维权事件	1	0	1	1	0	1	1
23	上海外滩踩踏事件	1	0	1	1	1	1	0
24	"5·3"成都女司机被打事件	1	1	1	1	0	1	1
25	深圳"娃娃鱼"事件	0	0	1	0	1	0	0
26	"柴静雾霾调查"事件	1	0	0	1	0	0	1
27	"东方之星"号客轮沉船事件	1	0	0	1	1	0	0
28	永昌女学生坠楼事件	0	1	1	1	1	1	1

2. 构建真值表

构建真值表是组态分析的第一步，为使分析简便，本文用 R（事件共情认知）、C（舆情传播路径）、F（舆情发酵模式）、Q（参与人情绪扰动）、H（政府回应性）、D（媒体平台多元化）分别代替条件变量，用 G（公共空间盲区）代表结果变量。因此，真值表如表2所示：

表2　真值表

R	C	F	Q	H	D	G	案例
1	1	1	1	0	1	1	8、10、18、24
1	0	0	1	1	0	0	14、17、27
0	1	1	0	0	1	1	2、6
1	0	1	1	0	1	1	5、22
1	1	1	1	1	0	0	1、12
1	0	0	1	0	0	1	26
0	0	1	1	0	0	1	11
1	0	1	1	0	0	1	9
0	0	0	0	0	1	1	15
0	1	0	1	0	1	1	4
0	1	1	1	1	1	1	28
0	0	1	0	0	0	0	21
1	0	1	0	1	0	0	3
0	0	1	0	1	0	0	25
0	0	0	1	1	0	0	16

(续表)

R	C	F	Q	H	D	G	案例
0	0	1	0	1	1	0	7
1	0	1	0	1	1	0	19
0	1	0	0	1	1	0	20
0	1	1	0	1	1	0	13
1	0	1	1	1	1	0	23

注：此真值表是后续进行一致性分析（CNA）的基础。

3. 数据结果

在真值表中，本研究将核心变量事件共情认知、舆情传播路径、舆情发酵模式、参与人情绪扰动、政府回应性、媒体平台多元化、公共空间盲区分别编码为 R、C、F、Q、H、D、G。当这些字母为大写时，表示各个案例在此变量的取值为 1；当这些字母为小写时，表示各个案例在此变量的取值为 0。

本研究使用 R 语言中"CNA"包，对收集的案例进行一致性分析。第一步，根据 CNA 方法的流程，不设置结果变量与覆盖率的阈值（一般要求设置为 0.9 以上），获得以下最简充要构型。① 表 3 的结果显示，原始的数据经过最小化处理，仅可以得到因素 G 最简充要的析取式。说明在严格假定案例覆盖率为 1.00 的情况下，本文涉及的 28 个案例蕴含的结果变量仅为公共空间盲区，这也符合本文的理论预期。

表 3　结果为 G 的最小充要构型表

最简充要构型	一致性	覆盖率
$R*h+h*D+r*F*Q \leftrightarrow G$	1.00 (14/14)	1.00 (14/14)
$Q*h+h*D+r*F*Q \leftrightarrow G$	1.00 (14/14)	1.00 (14/14)
$Q*h+h*D+r*C*Q \leftrightarrow G$	1.00 (14/14)	1.00 (14/14)
$Q*h+h*D+r*Q*D \leftrightarrow G$	1.00 (14/14)	1.00 (14/14)
$Q*h+h*D+C*Q*D \leftrightarrow G$	1.00 (14/14)	1.00 (14/14)

第二步，为了寻找案例中蕴含的因果链，在第一步五种构型选取的 R、r，F，C，Q，h，D 七种因素中筛选出可能存在的"中间因素"。因此，在这一步将覆盖率的阈值放松至 0.9，变量的顺序设置为 G<R，r，F，C，Q，h，D<（R，r，F，C，Q，h，D），最终仅得到一组构型，如表 4 所示。在这一构型中，R*G 与 q*G

---

① M. Baumgartner, A. Thiem, Identifying Complex Causal Dependencies in Configurational Data with Coincidence Analysis, *The R Journal*, Vol. 7, No. 1, 2015.

均包含公共空间盲区（G）这一因素，与第一步的分析结果冲突并且也与本文的理论假设不相符，因此在以下的讨论中仅考虑 r*F*d↔h 因素组合。

表 4　结果为 h 的最简充要构型表

最简充要构型	一致性	覆盖率
R*G+q*G+r*F*d↔h	1.00（13/13）	0.929（13/14）

第三步，将前两步的分析结果最终合并为五组复杂解，如下表 5 所示。结果表明在本研究中有两个内生因素，即"政府回应性较弱"（h）和"公共空间有盲区"（G）。此外，对政府回应性较弱有一条因果路径，对公共空间存在盲区有五条因果路径。总体而言，CNA 方法得到了五条复杂的因果路径，由于表 5 中的五种构型按照 CNA 构型建模的标准均为最优的，因此无法确定这五种构型哪个是正确的，哪个是错误的。但可以确定的是，这五种构型的任一种模式均可以导致 G 的发生。

表 5　结果为 h 的最简充要构型表

路径编号	最简充要构型
①	(R*G+q*G+r*F*d↔h) * (R*h+h*D+r*F*Q↔G)
②	(R*G+q*G+r*F*d↔h) * (Q*h+h*D+r*F*Q↔G)
③	(R*G+q*G+r*F*d↔h) * (Q*h+h*D+r*C*Q↔G)
④	(R*G+q*G+r*F*d↔h) * (Q*h+h*D+r*Q*D↔G)
⑤	(R*G+q*G+r*F*d↔h) * (Q*h+h*D+C*Q*D↔G)

（三）数据结果分析

1. 公共空间盲区影响因素的路径结果分析

从以上数据分析结果得知，形成公共空间盲区有五条路径，即①R*h+h*D+r*F*Q↔G；②Q*h+h*D+r*F*Q↔G；③Q*h+h*D+r*C*Q↔G；④Q*h+h*D+r*Q*D↔G；⑤Q*h+h*D+C*Q*D↔G；五条路径与相关案例对应，形成公共空间盲区的路径。将相同条件进行合并，用 R*h，h*D，Q*h，r*F*Q，r*C*Q，r*Q*D，C*Q*D 这 7 个变量组合性条件进行分析。其表述分别是共情认知强*政府无效回应，政府无效回应*媒体平台多元化，参与人情绪扰动大*政府无效回应，共情认知低*衍生型话题传播*参与人情绪扰动大，共情认知低*波型传播模式*参与人情绪扰动大，共情认知低*参与人情绪扰动大*媒体平台多元化，波型传播模式*参与人情绪扰动大*媒体平台多元化。从以上五条路径可以得出如下结论：

一是出现公共空间盲区的情绪条件，从各路径条件看，盲区生成必须有网络舆情情绪的存在，或者事件之初有对事件较高的共情认知。共情认知本身是他人能够感受到事件的情绪，比如和颐酒店女子遇袭、乐清"滴滴顺风车"命案、杨改兰事件等都具有较高的共情认知。这些案例中事件本身的特征就会让人感受到，自己也有可能碰到这样的事情，所以使得事件往往在初始就有情绪的要素存在。而当舆情事件没有初始较高共情认知的时候，必须有后项的参与人情绪扰动来影响。参与人情绪扰动是舆情事件发酵过程中产生的情绪输出，与后期事件发展过程中的信息有较大关联，事件发酵过程中，参与人情绪扰动一旦失控，则话题就会转向完全情绪化的一面，进而提升盲区产生的可能性。

二是政府回应的有效性十分重要。从路径看，政府回应的有效性会直接构成后期盲区的形成，政府无法在第一时间回应或者回应的内容无法形成有效信息，都会影响舆情的走向，进而使事件发展走向失控。特别是对于共情性非常强的舆情事件或是在发展过程中参与人情绪扰动较大的，政府回应性一旦降低，几乎是必然生成盲区。政府回应性事实上是给舆情一个公共讨论的框架，从而引导大众顺着政府的思路进行话题延伸，从而制造了公共空间，进而避免盲区的生成。

三是衍生型传播路径比平息复起型传播路径更容易生成盲区。衍生型传播路径更多的是通过一个话题带动另外的话题，这种传播路径本身就具有较大的不确定性，舆情的发展往往不是朝一个方向上展开，而是在多个维度上同时展开，进而出现多重路径，导致产生信息模糊与复杂化的问题。而平息复起型主要是过去曾出现过类似话题，所以当话题再次被引爆的时候，一方面话题曾经被讨论过，话题的理性程度会上升，另一方面话题再次提出，政府也会根据以往的经验进行较为迅速的回应，进而避免盲区的生成。

四是波型传播模式比链型传播模式更容易生成盲区。波型传播是以中心点向周围扩散的传播方式，主要以熟人群体为主，传播持久性、封闭性强，因此要打破其传播路径是相当困难的，并且更可能在不断的传播中发生盲区。而链型传播模式主要以单个主体进行传播，并形成层层的传播链条，话题开放性强、爆点多，但传播持久性较差，因此链型传播模式可能更易干预，特别是政府一旦干预，会迅速地遏制并引导话题的走向。

五是媒体平台多元化更容易生成盲区。媒体多元化在案例中表现为更为负面的条件，即媒体平台多元化程度越高，越容易产生盲区，这主要是由于在舆情事件中，部分媒体为博取眼球、谋取利益，释放出假消息，煽动民众情绪，使得公共议题无法聚集人气,而变为"水军"的谩骂。这与自媒体发展过程中不规范和缺乏监管有关。

2. 公共空间盲区因果链的结果分析

数据分析结果得出一条因果链,即 $R*G+q*G+r*F*d$,该结果存在两个层面的解释,首先,在 $R*G+q*G$ 路径中,G 出现在因果链中,也就是说从数据分析中看,公共空间盲区本身也能够形成政府无效回应,当事件共情性较强而存在公共空间盲区的情况下,政府往往容易形成无效回应。当参与人情绪扰动较小同时又存在公共空间盲区的情况下,也会使得政府的回应完全无效。从这条因果链条看,公共空间盲区与政府无效回应形成了双向的因果路径,即两者的因果关系更多的是互动关系。其次,政府的无效回应构成了公共空间盲区的形成。因果链至少存在一种可能的路径:由于政府的无效回应,从而产生了公共空间盲区。两者从理论框架的构建上也是符合数据分析结果的。$r*F*d$ 这一条件具体表述为事件共情性较低*衍生型话题*媒体平台单一,构成了政府回应无效率。从该条件出发,如果事件共情性较低时,舆情的情绪爆点并不明显,则政府在第一时间对该舆情的重视并不会太高,衍生型话题传播路径较为封闭,并具有自身内在的传播稳定性,此时政府回应的内容有效性会降低。最后,媒体平台较为单一也使得政府会降低回应性的诉求。较多媒体的声音容易产生各种谣言,但是如果本身媒体发声就较为单一,则政府的整体回应性动能就会降低。从因果链的分析上看,本文所提出的整体理论和因果链分析较好地得到验证。

四、公共空间盲区与网络舆情治理绩效的内在逻辑

公共空间盲区的出现在网络舆情微观视角中是一个相对重要但却容易被忽视的问题。盲区会造成公众在舆情事件中的情绪失控,从而完全偏离理性议题,进而使得舆情事件不断需要政府"围追堵截"而无法形成有效疏导渠道,如何避免公共空间盲区是网络舆情治理绩效的综合性体现。从公共空间盲区生成的因果链出发,盲区的存在会与政府回应性价值产生三重悖论:一重悖论是公共空间盲区的存在无法形成外在积极压力而使得政府选择消极应对舆情事件。网络舆情从触发到发酵往往具有随机性,网络事件发展过程中不断发生的反转剧情就是很好的例证,而参与各方包括个体(公民个体、"大V")与群体(官媒、传统媒体、自媒体、智库),都无法有效地将孤立的事件上升为能够对政府产生积极外在压力的理性议题。这也使得政府往往用消极的眼光看待舆情事件的发酵,甚至会使用强制手段防止网络舆情

事件的蔓延和失控。二重悖论是网络舆情事件无法触及公共空间的议题，使得政府无法意识到这方面的改革需要，进而错失了网络舆情发生的正面效果和通过网络舆情构建理性公民的过程。三重悖论是由于政府日益重视对网络舆情的回应，不当的网络舆论和不加深入分析的闹剧事件，往往在政府的回应中草草收场，一方面使得公共空间没有得到充分地讨论，另一方面也使得政府的简单回应与处理有可能将真相进一步掩盖，进而不再会有相关媒体去追踪和发掘事实，这种"盖棺定论"也会造成较大的风险和舆情治理的"绩效损失"。① 另外，公共空间盲区中的媒体平台多元化与政府角色表现出冲突，网络媒体的数量、群体必然会呈现出多元化趋势，而政府往往需要更多的直接回应来解决舆情事件情绪的升温，这形成了两者存在方式的背离，如何调和这种背离也是舆情治理值得突破和关注的问题。

从公共空间盲区生成的前因变量及其因果路径来看，网络舆情治理存在更为复杂且难以调解的内在矛盾。三重悖论的含义更多的是由于前因变量之间相互制约、相互抵消或相互强化而形成的，这就会使得盲区的出现呈现出一旦一个因素具备，其他因素的出现就会强化其效果的态势，最终形成不可抗拒的结果。这种结果会使舆情的治理陷入困局，而政府的行为在其中会由于这种不确定性产生较低的治理绩效。综合来看，政府治理公共空间盲区的入手点至少有短期和长期的方式，具体而言：

（1）从短期上看，要构建舆情事件短期干预机制。政府部门需要通过对舆情事件发生的情绪分析、传播模式分析来进一步构建回应的方式与回应的时点选择，并进一步强化多元因素产生的协同性以避免不同变量产生的排异性，最终提升政府自身舆情治理能力。

（2）从长期上看，一方面要建立多元化媒体平台，强化自媒体诚信监管。媒体监管需要有专业的方式进行评价，并对媒体做出评级，以引导媒体报道真相，挖掘真相。另一方面要做到聚合偏好，由于各类媒体的内在群体不同，多元化的媒体平台可以为各自的参与群体发声，并通过这种声音引导社会范围的理性讨论，进而形成对政府外在的积极压力，最终推动社会治理绩效的提升。

---

① 包国宪、张弘：《基于PV-GPG理论框架的政府绩效损失研究——以鄂尔多斯"煤制油"项目为例》，载《公共管理学报》2015年第3期；郎玫：《博弈视角下政府绩效评价的基础模型及其选择中的"绩效损失"》，载《上海行政学院学报》2018年第6期。

制度规范与网络社会公共安全治理

——逻辑、特征及路径*

李志强**

摘　要：现代社会迅速发展的网络科技带来的社会结构和行动模式的变革与创新，给当前的网络社会的安全治理带来了新挑战。作为一种复杂的系统机制，对于网络安全的治理应在整体安全观的基础上加以探讨。本文通过深入挖掘社会安全问题产生的机制，以比较性整合的研究思路，将网络社会与现实社会的安全治理有机统一，明确两者互动的内在逻辑和关系机理。本文还探讨了从深层次制度建构层面，通过改变传统社会治理思维，创新网络社会治理范式；加强网络舆情预警和防范，强化对网络运营商的管制和约束制度，积极探索网络社会安全治理的整体制度设计的思路，以实现推进网络社会公共安全治理效能提升的最终目的。

关键词：网络社会；安全治理；制度失范；制度重塑；治理路径

对于社会治理而言，其价值根基是公共安全，集中表现在社会公众对当前管理体制和制度设计的认同与肯定方面。这种认同感更是政府管理理念和政策实施获取合法性的重要来源。社会安全治理的保障不仅依托于合法化的资源配置制度，同时也同社会结构变迁带来的治理结构的变革紧密关联。随着网络社会的发展，公共治理新结构逐步催化了公民主体意识的觉醒，使公民由消极的被管理者转化为积极参与者，以共同体的合格公民身份平等分享着集体的共治权利。社会安全共同治理的

---

* 本文系国家社会科学基金重大项目"中国社会应急救援服务体系建设研究"（项目编号：16ZDA054）阶段性成果。

** 李志强，管理学博士，南京信息工程大学法政学院行政系主任，副教授，硕士生导师，主要研究领域：社区治理、公共政策。

格局也逐渐形塑并加以完善,其中制度建设发挥了基础性功能。当前,以信息技术、网络技术、大数据和人工智能为代表的通信科技对现代社会治理产生了重要影响,特别是移动互联终端、自媒体、流媒体的迅速崛起,极大地推动了社会公众的信息传播、权利表达、共意动员、舆论传播范式以及集体行动网络展现形态的变革与创新,并对当前社会治理的治理工具、技术和模式带来严峻考验。如何理解网络社会安全的基础特征和运行逻辑,重塑现代网络社会的安全框架,强化制度规制和约束机制,培育现代网络社会安全治理的政策路径,是现代社会网络安全治理的重要公共议题。

一、现代网络社会安全治理的意涵解读

2016年颁布的《中华人民共和国网络安全法》作为我国首部网络安全治理方面的基本法,在维护国家网络空间的主权和安全,维护社会经济的有序发展,保障人民权益方面具有重要意义,也从法律层面提出了网络社会安全治理及其重要作用。2018年4月,习近平总书记在全国网络安全和信息化工作会议上的重要讲话中强调,要提高网络综合治理能力,形成多主体参与和多种手段相结合的综合治网格局,进一步明确了我国网络综合治理的模式,对网络综合治理提出了新要求。[①] 随着现代通信技术的迅猛发展,网络社会的形态日益清晰并得到巩固。在这一过程中,网络空间的制度规范模糊、技术工具失范和信息"漏斗"效应共同导致了现代社会较为严重的网络安全问题。网络社会安全治理已成为当前国家治理中尤为引人注目的话题。网络社会的管理不仅有助于确保社会自身稳定、有序发展,同时也有益于维护现实社会的稳定和秩序。

(一) 网络社会治理的安全意涵

网络社会作为现实生活扩展的重要场所,凸显出许多新矛盾,并对原有的社会治理模式形成巨大冲击,造成的信息安全等问题尤为引人注意。鉴于此,英国早于2010年专门设立了负责网络安全事务的"网络安全办公室"。美国2011年提出"网络空间可信身份国家战略"(NSTIC),将网络社会的身份管理上升到国家战略

---

① 《中共中央关于全面深化改革若干重大问题的决定》,http://www.gov.cn/jrzg/2013-11/15/content_2528179.htm,2019年8月20日访问。

高度。① 同样，我国于 2016 年推出的《网络安全法》也第一次通过国家法律的形式向世界宣示网络空间治理目标，明确表达了我国的网络空间治理诉求。网络虚拟社会的到来改变了传统社会的体制架构，对现代治理提出了新的认知要求，有关虚拟社会的研究也开始受到关注。20 世纪 90 年代末，曼纽尔·卡斯特（M. Castells）在《网络社会的崛起》中第一次明确解释了"虚拟社会"概念，他认为"我们正在进入一个新的时代，这就是信息时代，或者说网络时代"②。卡斯特明确指出，网络构成了我们社会新的社会形态。国内研究则多数旨在强调其人文和社会价值属性，对于网络社会的技术治理关注不足，如赵志云、钟才顺等认为，虚拟社会是"以现代信息网络为基础和框架，人们以虚拟方式在其中展开活动而形成的社会关系体系"③。于震和齐鹏指出，虚拟社会即以网络信息技术为桥梁，通过信息模拟等技术途径，将现实社会中的社会主体隐匿到虚拟世界中，交互形成相对稳定的虚拟群落及社会关系。④ 既然虚拟社会统一于现实社会的构架之中，对虚拟社会的治理必然也要依靠嵌套在现实社会治理的结构要素和制度逻辑。据美国著名数字预言家埃瑟·戴森（Esther Dyson）所言："数字化世界是一片崭新的疆土……也可能成为恐怖主义者和江湖巨骗的工具，或是弥天大谎和恶意中伤的大本营。"⑤ 当前，伴随社会网络化的趋势不断加深，网络安全的问题逐渐浮出水面，在某些领域甚至愈演愈烈，比如日益增加的网络犯罪、网络诈骗、网络群体性事件以及升级的网络恐怖暴力事件，对现代社会治理带来严峻挑战。因此，如何重构网络社会全方位的安全治理制度机制，规范网络行为和群体秩序，营造和谐稳定网络治理新局面，是政府职能部门和社会公共领域治理的重要命题。

面对网络安全治理的现实挑战，学术界已经展开了积极探索。程琳主张从法治视角加强网络法制体系，强化政府控制网络能力；完善网络安全认证和监管；开展普法教育，提高民众网络安全意识；通过建立合作机制等途径，推动网络法治建设的国际合作。⑥ 段丽华主张借鉴现实社会中的户籍制度，建立虚拟户籍系统，落实

---

① 范立国、王红斌：《网络虚拟社会的现实化管理问题研究》，载《东北师大学报（哲学社会科学版）》2010 年第 6 期。
② M. Castells, E. Ipola, Epistemological Practice and the Social Science, *Economy and Society*, Vol. 5, No. 2, 1976.
③ 赵志云、钟才顺等：《虚拟社会管理》，国家行政学院出版社 2012 年版，第 3 页。
④ 于震、齐鹏：《我国虚拟社会治理路径探析：基于安全问题的视角》，载《人文杂志》2017 年第 9 期。
⑤ ［美］埃瑟·戴森：《2.0 版数字化时代的生活设计》，胡泳、范海燕译，海南出版社 1998 年版，第 17 页。
⑥ 程琳：《加快信息网络法治建设 维护网络社会安全秩序》，载《中国人民公安大学学报（社会科学版）》2013 年第 1 期。

网络实名制；借鉴现实社会中的社区出租房管理制度，建立并落实网络备案、网络举报、网络巡查制度；借鉴现实社会中的巡警街道巡查制度，建立并落实虚拟警察网上巡逻和处置制度。① 童星认为，人类社会的安全稳定有赖于道德性规范、契约性规范、行政性规范等三种秩序规范的有机结合。这些秩序规范的建立，必将有利于虚拟社会的安全与稳定。同时，深入分析也发现，这些举措关注的焦点主要是面对网络安全问题现象及本体所提出的具体对策建议。实质上，网络安全问题的产生本身是复杂的系统机制，是一种对整体安全观的探讨，更需要系统性和规范性的思考。应从网络本身特征入手，深入挖掘安全问题产生的机制，同时将网络社会与现实社会的安全治理有机统一，明确两者互动的内在逻辑和发生路径，从深层次制度建构的层面，推进网络社会公共安全治理的效能提升。

（二）网络社会治理：新制度的设计机制

从上述论述可以发现，网络社会实质逐渐演化为一种新的资源生成和机会分配机制。正如有学者指出，虚拟社会的发生与形成，事实上伴随着资源的自我生发的扩张过程，也起着资源、机会的分配作用②，这种资源重组的过程及所产生的作用，同时伴随着网络社会发展态势下社会关系的变革和建构过程。这其中包含两方面含义：一方面，网络社会管理是理顺虚拟社会个体和群体关系，构建和谐社会秩序的重要手段。难以忽视的现实情况是，在新媒体、自媒体及融媒体网络整合的放大效应下，各种社会矛盾会在媒体的扰动共振下，以极快的速度造成公共舆论，很快以网络群体性事件成倍的放大和渲染效果，使得话语的主导权掌握在网络领袖手中，最终的结果很有可能导致严重危害网络舆论的群体性事件的爆发。除去表象问题，更不容忽视的是，网络群体的公共讨论与意见碰撞会在跨越时空中出现吉登斯所言的"脱域"现象，通过脱离人事本身形态而转换为问题、议题和话题导向，通过时空穿越与分割，推进着社会关系的重塑。社会关系的演变需要要素的结构性重构，并在结构化中逐渐固型，因此这种重塑往往需要制度上的改进和突破。另一方面，网络社会的迅速成长，各类负面感受通过网络的渲染和蔓延而导致能量被成倍放大，出现社会不公评价的"乘数效应"，其社会消极影响极大。正如上所述，在网络社会治理机制缺乏规范的情况下，部分尖锐刻薄、矛头指向明确的网络舆论往往

---

① 段丽华：《虚拟社会引发的安全问题及综合管控对策研究》，载《辽宁警专学报》2011年第6期。
② 张林江：《当前虚拟社会的特点、管理挑战及其对策》，载《中央社会主义学院学报》2011年第4期。

能够迅速吸引人们的眼球，通过扭曲真相的手段博得人们的同情，迅速占领道德高地，从而对目标主体成功施压。① 对众多诸如以上例证的事件，要扼住网络社会治理失范的咽喉，其中重要的一点是让网络治理主体明确网络社会治理职责。② 网络社会治理的重要职责就是做到较好把控网络舆情，加强网络监管，及时发现网络热点和有可能激起网民不良情绪并广泛传播的重要焦点事件，合理回应公众心理情感诉求，及时解决公众现实境遇，采取有效措施妥善平息和及时缓解网络负面舆情影响。

伴随网络信息时代所带来的社会结构的去中心化以及个体性生活方式的冲击局面，无组织的人人时代与社区共同体分裂为两股能量，在社区培育及组织整合的过程中产生了明显张力。帕森斯（T. Parsons）称之为的"社会社区"，正是由社会地位和他们关联的角色的标准秩序，通过合法和惯例规范组织起来，并合为由"互相贯穿的集体和集体忠诚的复杂网络"构成的制度框架。③ 这一过程也伴随着网络社会的文化资源的生产，并且同时改变了传统的文化观念和文化生产机制，最显著体现在表达权的文化权利的制度设计方面。当一种表达权因为制度设计存在缺陷，在某种制度设计还未成为社会共识的时候，充分利用和借助这种新性质的表达机制和信息渠道，就很容易以一种"狂欢"的仪式而成为公众带有默契性质的集体选择，建构起某种话语权。在这其中，网络舆论场中所形成的公众舆论受到其背后机制的制约而实现了某种程度上的安全保障。哈贝马斯将公众舆论区分为两类，即"前者使政治权力和社会权力的实施得以公开，而后者则公开了个人与机构、消费品与供货单"④。也就是说，公众舆论的理性与非理性同时被哈贝马斯所承认。这一方面需要制度的管制，另一方面制度本身也需要一个逐步认识和完善的过程。因此，建设符合国家和民众利益的社会发展机制，建立网络社会治理最基础的公共安全制度，就需要建立制度化的权力关系均衡机制，使国家与社会之间形成合力的权力关系，并形成必要的弹性和合理的张力。

---

① 2018年8月，四川德阳的一名女医生安女士在游泳池中被一名13岁男孩冒犯，随后男孩不仅没有道歉，反而对安女士进行挑衅，在气愤之下安女士教训了男孩。男孩父母赶到之后，先是在更衣室对安女士进行打骂，后将游泳馆现场视频进行剪辑并冠以"成人殴打孩子"的标题上传至网络，事后男孩父母还多次在安女士单位滋事。随后，在社交媒体的急速传播下，网络上形成了对安女士的谴责高潮，最终安女士迫于舆论压力而自杀。
② 《35岁女医生自杀：键盘侠的语言暴力，是压死她的最后一根稻草》，http://k.sina.com.cn/article_6505977820_183c957dc001009bzb.html，2019年8月23日访问。
③ T. Parsons, *The System of Modern Societies*, Prentice-Hall, 1972.
④ 〔德〕哈贝马斯：《公共领域的结构转型》，曹卫东、刘北城等译，学林出版社1999年版，第97页。

二、现代网络社会安全问题的制度失范思考

基于网络社会资源分散化,权力的去中心化及信息沟通扁平化的特征,社会管理的制度建设从一开始就是在规约式合作的框架下展开的,这是契合网络社会特征的理性的制度思维,也从根本上符合了"制度是具有约束性的规则"的概念属性和功能特征。舒尔茨认为制度是"一种行为规则,这些规则涉及社会、政治及经济行为"①。从制度的定义和特征可知,制度本质是为集体行动框架中的主体提供理性博弈的"游戏规则",它提供了"人类相互影响的框架,它们建立并构成了一个社会或更确切的说是一种经济秩序的合作与竞争关系"②。所以,制度保持生命力的做法,必须使社会各行为主体通过进入相互博弈阶段,达成"约定"的共识性框架,逐渐生产出公共价值和集体精神。③ 所以,某种程度上,这种约定性质的框架,更体现为一种类似在特殊的"禁制"话语下所开展的各行为主体参与的集体行动,即共同处理公共事务,建构公共安全环境,以最终实现公共安全的治理目标。

(一)网络社会安全治理的制度失范表现

2018年,由于网络的高速发展现状与网络安全治理滞后状态的不匹配所导致的网络监管敞口的不断扩大,数据安全、信息安全问题在社会中频频显现,网络安全问题上升为全球议题。2017年,从乌克兰和俄罗斯开始扩散的名为"想哭"的勒索病毒迅速蔓延至全球,150多个国家和地区、超过10万的组织机构、30万以上的网民受到严重影响。2018年,我国国内再次发生病毒侵犯事件,多数网民的财产受到严重损失。当前在直播平台、短视频等网络社交平台的迅猛发展下,中国的信息网络呈现出纷繁复杂的局面,网络安全治理受到多方面挑战。在此种形势下,中国政府加强网络监管力度,并朝着科学化、法制化、精细化的方向发展。据腾讯开

---

① 〔美〕R. 科斯等:《财产权利与制度变迁:产权学派与新制度经济学派译文集》,刘守英等译,上海三联书店、上海人民出版社1994年版,第74页。
② 〔美〕道格拉斯·C. 诺思:《经济史中的结构与变迁》,陈郁、罗华平译,上海人民出版社1994年版,第117页。
③ 李志强:《网络化治理:意涵、回应性与公共价值建构》,载《内蒙古大学学报(哲学社会科学版)》2013年第6期。

发的移动互联网跨平台数据分析工具的统计，2018 年以来，全网舆论关注较高的互联网监管、媒体监督案例共 117 起，平均每月 9.75 起。主管部门主动发起专项整治行动或相关通知共 22 次，平均每月 1.83 次。在多部门的权责不断协调、各部门的分工更加明确的基础上，联合推动了 10 次以上的政策法规与联合行动，其中治理主体包括了网信部门、广电部门、"扫黄打非"部门、一行两会、公安部门、文旅部门、工商部门、工信部门、宣传部门、交通部门等一系列部门。虽然在多部门的协同联动下网络空间环境得到了极大的净化，但是在如此多主体的运作过程中就不可避免地凸显了网络社会安全制度构建的诸多问题。[①]

网络社会安全治理制度层面的问题，主要体现在四个方面：一是制度建设的方向性不甚明确，导致理念共识难以达成。制度建设的目标是指向良序规则和和谐秩序的社会，对于社会管理发挥着导向功能。网络社会打破了现实社会的疆域藩篱，信息资源流动空间大大扩展，对于这种新型的流动性空间的日益凸显，现实的治理思路和模式依然在网络社会管理中得以沿袭，缺少公众认同的制度文本和政策思路的社会治理将会严重阻碍社会生产力水平的提升和社会文明的进步，不利于社会个体自由发展和整体社会效益的积极增长。回到镜像型的网络社会，网络空间的隐蔽性特征在网络参与主体的进入过程中，由于主体自身的松散性和非制度性，导致网络虚拟交往的突出问题，即现实的身份为载体的交往关系所形成的责任、道德和伦理，在虚拟的制度脱钩的空间里已经失效、失灵甚至走向失败。[②] 二是制度建设的系统性欠缺，导致整体效应难以发挥。包括国家层面在内的对网络社会管理的制度建设的长远设计缺乏整体规划，现实的社会管理的政策、法律与虚拟的社会管理特殊情势难以有效契合。三是各领域的虚拟化管理缺少系统设计，难以较好地发挥合力效应。制度的零散化与碎片化导致了网络社会治理的盲目和无序，极大降低了风险抵御能力和突发状况的应对能力，不利于网络社会安全管理整体质量的提高。四是制度运行的欠规范性，导致价值取向不明和正式化程度不高。制度的规范作用体现在通过对于交往对象的规则约束，完成良序社会的整合和重塑，这是制度价值的重要体现。当前网络社会安全治理制度规范的欠缺主要体现为制度价值不明确和正式化程度不高，难以迎合网络社会对于制度建设的客观诉求。五是制度的创新性不强，难以适应网络社会管理新需求。网络社会不仅改变了人类的交往途径和生活方

---

① 《2018 年互联网监管舆情态势分析报告发布》，http://yuqing.rednet.cn/Article.asp?id=317780，2019 年 9 月 8 日访问。

② 蔡斯敏：《网络议事规则塑造：网民表达的危机表征及治理路径》，载《哈尔滨工业大学学报（社会科学版）》2018 年第 5 期。

式,而且导致了人类社会生存模式的根本变革,颠覆传统的制度革新是推进这种社会总体模式变革的根本选择。网络社会的内在规律和运行机制已经发生根本改变,用现实社会制度的传统思维模式来解决社会关系问题已经不能适应新型社会形态的革新与发展。

(二) 网络社会安全治理制度失范的原因分析

据中国互联网络信息中心 (CNNIC) 发布的第 41 次《中国互联网络发展状况统计报告》显示,截至 2017 年 12 月,我国网民规模达 7.72 亿,网络普及率达到 55.8%,超过全球平均水平 (51.7%) 4.1 个百分点,超过亚洲平均水平 (46.7%) 9.1 个百分点。此外,我国手机网民规模达 7.53 亿,网民中使用手机上网人群的占比由 2016 年的 95.1% 提升至 97.5%;我国移动支付用户规模持续扩大,用户使用习惯进一步巩固;网络娱乐应用中网络直播用户规模年增长率最高,达到 22.6%,其中游戏直播用户规模增速达 53.1%,真人秀直播用户规模增速达 51.9%;在线政务服务用户规模达到 4.85 亿,占总体网民的 62.9%,通过支付宝或微信城市服务平台获得政务服务的用户为 44.0%。我国境内外上市互联网企业数量达到 102 家,总体市值为 8.97 万亿元人民币。① 高速发展的互联网为人们不断拓宽网络虚拟空间,休闲娱乐、商业贸易、信息交流、政务服务、沟通交友等现实生活领域的活动正不断渗透进这个虚拟世界。但由于物理世界是我们可感知与触摸的主体,而虚拟世界则具有虚拟性,它所展示的世界是无法从物理角度加以触摸的,二者之间的本质差异决定了它们从属于两个运行逻辑完全不同的领域,这也决定了它们的"不可通约性"。诚然,要在日益庞大的虚拟世界中构筑出一套完整有效的制度法则,必然要进行一场贯穿于思维、技术、伦理道德等方面的"革命"。

众所周知,网络社会安全治理制度方面出现问题的缘由有着客观存在的现实基础,同社会管理的思维方式、技术手段、国家传统管理模式路径依赖性以及民族国家的意识形态等方面都有一定关系,可以说网络社会的制度失范是多种因素共同作用的结果。首先,网络社会发展的方向和路径不同于现实社会。网络社会的出现对于推动整体社会生产发展,人类文明进步具有无可比拟的巨大影响,它彻底改变了人们的思维模式和生活方式,带来了全新的社会独特镜像。网络社会与传统的现实

---

① 《第 14 次〈中国互联网络发展状况统计报告〉发布》,http://www.cnnic.cn/gywm/xwzx/rdxw/201801/t20180131_70188.htm,2019 年 9 月 4 日访问。

社会机械线性发展的趋势和脉络不同，它是以网络信息为媒介，通过全球通信的互联互动、共时共生模式存在和发展的，必然与传统社会管理思路和模式产生明显的不适应。从此意义而言，网络社会的发展方式决定了现实社会制度的滞后性，需要重新构建新的社会制度以促进网络社会发展。而制度缺陷的人为制造、民族国家的信息化水平差异显著，以及全球问题的治理难度等方面使制度的失范现象更加严重。其次，传统的管控式思维导致制度僵化和滞后。传统的统治和控制式思维依然占据主导位置，但很显然，传统的科层制式样的压力型管控制度模式已经难以适应网络社会的情势。网络社会人与人横向多孔网状联动的关系模式，早已经将自上而下的压力型控制模式甩在身后。所以，如果在虚拟社会中继续使用传统管控思维进行管理，必将导致制度的失效和错配，甚至直接导致制度的负向作用而丧失合法性。不仅如此，传统管控式思维的继续坚持还会制约个体活力和社会内生性积极因素的增长，增加社会安全风险，降低社会创新能力。

（三）制度重塑：网络社会安全治理创新的根本保障

近年来，中国网络安全问题突出，网络安全事件频发，给政府、企业单位带来极其严重的损失，也严重影响了公民的日常生活。据估计，2020年全球互联网用户将突破40亿，网络社会安全治理制度为人们的网络生活提供了总体保障，然而回顾不断爆发的网络安全事件也让我们思考网络社会安全治理制度层面出现的问题。社会制度本质是信息运行和作用机制。[1] 网络社会治理制度大体可以看作在虚拟的社会形态下，以信息沟通模式的革新和社会资源重新配置为重要路径，实现社会整体公正为目标，达致社会和谐的约束性规则框架。相对于现实社会的传统的管理模式，网络社会管理的信息运行渠道已经由上下走向的"树形"层级式走向立体化的"果型"网络化模式，管理权威和权利影响的机制也由总体单极化政府权威走向多元多极化社会分散权威状态。如恩格斯所言："解决社会问题的办法还隐藏在不发达的经济关系中，所以只有从头脑中产生出来。社会所表现出来的只是弊病；消除这些弊病是思维着的理性的任务。于是，就需要发明一套新的更完善的社会制度"[2]。网络开放性、隐匿性、互动性、离散性逻辑在全社会蔓延，在这种全新的信息流通模式和作用机制下，网络社会安全治理的思维理念和实践路径都发生了根本

---

[1] 曾红颖：《现代社会管理需要信息手段和高技术支撑》，载《经济研究参考》2010年第29期。
[2] 《马克思恩格斯选集》第3卷，人民出版社1995年版，第724页。

的变化,同时对于管理制度的重塑提出现实要求。网络社会形态的权利多中心、信息多源化、权威碎片化的特征提出了参与式管理的制度诉求。网络空间的自由化特点,可以给予每一位社会成员相对平等的起点,实现最基础的精神安全和现实安全目标。比尔·盖茨曾经指出,"虚拟平等"在信息世界的体现,远超"现实平等"实现的可能。虚拟世界在一定程度上达成了平权结果。[①] 针对网络社会全新的形态,有学者提出了从四个方面的制度重塑路径,即全球治理模式、民众自我治理、软权力和软规则、网络纠纷处理机制的构建方面进行治理路径的新探索。[②] 赵强与单炜基于数据流的公共价值创造视角研究了大数据政府创新的思路,认为大数据辐射领域广泛、异构性强,为政府所用的潜在价值巨大,而解决公共安全治理方面的问题,还需基于大数据的公共价值创造分析框架及其状况特征开展后续工作。[③] 应该说,这类思路抓住了社会安全的问题本质,制度设计理念也更加契合了网络社会长远的发展趋势。国家高层其实已经在前些年就对网络社会治理高度重视,如2010年9月至2011年5月,中共中央曾三次就如何加强和创新社会管理及网络社会管理创新进行工作安排,并倡导要"进一步加强和完善信息网络管理,提高虚拟社会的管理水平,健全网上舆论引导机制",从而在全国范围内展开了网络社会管理的实践活动。基于网络社会形态的基本面向,社会的制度设计应该遵循开放式参与、多元化协商、柔性化规约和软性权利制约的思维模式,面向全民整体的权利公正和利益均衡视角,以构建安全和谐的社会为目的,在推进国家治理现代化的征程中,不断深化完善国家治理的基础性制度设计,进一步推进国家现代化纵深发展的步伐。

三、现代网络社会安全治理的制度规范重构

中国特色社会主义建设新时期需要持续推进社会安全有效治理资源的积聚和整合,已经成为当前深化改革和社会可持续发展的重要内容。要打破社会治理的传统路径依赖,根本的就是要加强社会建设,创新社会治理机制,保护和培育社会力量的发展,这已经成为十八大以来政府和社会的共识。网络社会的蓬勃发展伴随着对现实社会的渗透力度不断加大的过程,前所未有地改变着社会生活的形态和人类自

[①] 王秋雷、汪水英:《网络空间的社会公正问题探究》,载《实事求是》2016年第6期。
[②] 陈联俊等:《虚拟社会的制度失范与治理路径——基于社会管理视角》,载《首都师范大学学报(社会科学版)》2013年第1期。
[③] 赵强、单炜:《大数据政府创新:基于数据流的公共价值创造》,载《中国科技论坛》2014年第12期。

身的生存模式。这种迅猛发展的客观情势迫切地对现代社会政府管理模式提出了根本转变，提出了新的社会安全观，也对现有的社会治理方式提出了新要求。网络社会的形成以及网络社会与现实社会的互动影响，也给现实社会治理带来许多新的问题和挑战，如当前网络媒体大量涌现出的网络舆情与社会公众情绪引导问题、网络谣言与社会稳定问题、网络结社与社会政治事件演进问题、网络推手与社会秩序规范问题、网络渗透与社会安全问题、网络犯罪与社会治安问题等①，这些都是网络社会安全治理中所面临的重要问题。网络社会所呈现的形态，是与现实生活的常态机制对接、矛盾融合而型构的新式复杂社会系统。一方面，技术革新体现在网络软硬件要素方面的更替；另一方面，网络社会的运行框架附着在现实的社会基础之上，人类现实社会中的矛盾问题在网络领域，特别是在网络脱离时空性的影响下，其复杂程度进一步加剧。② 解决这些问题的关键是要推动社会改革新思维，紧跟时代发展步伐，努力适应互联网+、大数据、云计算以及人工智能等高新科技迅猛发展的新要求，切实提高网络条件下社会管理能力和水平。

（一）网络社会安全治理的制度规范诉求

社会安全新秩序的重新建立，需要社会创新的"时代精神"和信念体系的转型，这在很大程度上依赖于社会力量的重新凝集和社会秩序的基础性重建。当前我国社会改革的总体趋势就是朝着建立完善的现代社会体系不断迈进。从目前状况来看，面对网络大数据时代社会发展诉求的潮涌，我国相应的社会管理技术和手段总体上还没有跟上形势发展的需要。快速多变的网络社会带来的新情况和新问题，凸显出网络舆情民意不断高涨同治理效率低下的显著矛盾，导致了网络治理领域一系列较为突出的问题。进入新时期，复杂的现实社会形势与网络的相互投射，使负面效应成倍放大，社会热点焦点问题剧增，对社会和谐稳定造成很大影响。同时，某种程度上存在的社会功能紊乱、价值失范、利益失衡，给重建社会秩序的社会整合机制带来了不小的挑战。在 2016 年 10 月中央政法委举行的第四次百万政法干警学习讲座中，时任中央政法委书记孟建柱指出："我们正处于一个大数据时代，一切都在改变，我们只有顺应这股时代潮流，才能够把握主动、赢得机遇、创造未来。

---

① 郑志平：《我国虚拟社会管理理念的评估、反思与重构——基于 2009—2012 年的分析》，载《青海社会科学》2013 年第 6 期。

② 张天清：《网络化条件下的社会管理创新研究》，载《江西社会科学》2013 年第 3 期。

现在，不法分子千方百计运用新技术、新手段实施犯罪活动。美、英等国网络犯罪已成为第一大犯罪类型，我国网络犯罪占犯罪总数近 1/3，且每年以近 30% 左右幅度上升"①。2017 年 9 月 19 日至 20 日，孟建柱在全国社会治安综合治理表彰大会的讲话中指出，现在网络犯罪已成为第一大犯罪类型，未来绝大多数犯罪都可能借助网络实施。② 面对网络社会的迅速发展，我们要努力适应新形势下特别是社会舆情情势迅猛发展的新要求，抓住全球人工智能革命发展的新机遇，转变传统管理理念，迎接网络社会更新的挑战，根本理念就是如何构建科学合理的社会管理新机制。

当前网络社会安全治理突出的问题主要表现在：一是陈旧管理手段固化与快速发展的网络社会所提出的治理机制新诉求之间的矛盾。网络社会的主体多元性与政府单一主导性之间张力明显，各相关组织机构之间，权责不明，各自为政，协同性较弱，系统协调工作不到位，往往容易导致社会管理分散和无序。再者，网络治理的民间资源吸纳机制不够完善，虽然政府及相关部门也成立了"民间智库"和"问政平台"等与民间信息沟通的载体，但整体上，仍然缺乏合理完善的组织架构和运行机制。二是网络社会的技术盲区问题较为突出。我国电子政务的发展相对滞后，难以应对网络技术所带来的新的挑战，跟踪新技术的能力有待健全；网络平台的社会治理尚存在很多技术和手段的漏洞，网络治理的能力和质量有待提升。三是网络社会的主体自律性有待加强。当前国内网民的法律意识、责任意识和权益保护意识与网络安全防范能力还亟待提高，网络管理制度和投诉监督机制相应的制度设计还需不断完善。针对以上问题，学术界也提出了不同的解决策略，如有学者提到五点策略：坚持网上网下相结合，拓宽社会管理的领域；善于运用网络载体，创新社会管理平台；强化舆情监控和公共危机管理，提高社会应急管理能力；推进网络管理制度化法制化，提高社会管理科学化水平；加强专业队伍建设，提供社会管理人才支持。③ 这些都是对网络社会安全管理非常有价值的政策和思路。

---

① 《孟建柱：中国网络犯罪占总数近 1/3，每年增加近 30%》，https://www.thepaper.cn/newsDetail_forward_1547385，2019 年 8 月 16 日访问。
② 《网络犯罪已成为我国第一大犯罪类型》，https://www.sohu.com/a/194070051_468696，2019 年 8 月 23 日访问。
③ 何哲：《网络社会的基本特性及其公共治理策略》，载《甘肃行政学院学报》2014 年第 3 期。

（二）网络社会安全治理的制度规范特征

从某种程度而言，网络社会的出现给当代社会管理范式的转型带来了机遇和挑战，网络社会中的制度建设是提高社会管理水平的重要因素。正如有学者认为，就网络社会的制度建设而言，普遍存在方向性、系统性及创新性等失范现象，根源在于网络社会的发展特征、治理模式及管控思维，对现实的社会诉求的逻辑产生了某种程度的张力。[①] 网络社会的降临很大程度上改变了传统型社会基础结构，社会组织模式与运行机制也随之发生了根本变革，组织结构面临着新的调整。在网络社会流变性、多元化、耗散性的相关个体与群体关系形态下，组织的界限、权责及功能特征也变得模糊，进而呈现交互、立体、多孔性发展的样态，网络管理的组织过程和行动成了关注焦点，信息的勾连渠道、话语的表达内容及行动的模式选择成为网络舆情监管和综合治理重点研判的主要方面，组织结构的转变为社会管理创新提供了重要载体，开拓了前进的道路。

对于网络社会的认识，有学者对其阶段性本质特征进行了详细的阐释，指出网络社会实际是由亚社会、镜像社会及新社会三种不同社会形态叠加而成，由此也产生了对应的社会治理观：亚社会形成的基础是建立在现实社会结构载体中的不完整的社会形态，属于源于现实而又不能完全覆盖社会整体的半社会状态。亚社会有自己的特色形态，行为路径具有独特的一面，但同时又与现实生活具有不可分割的整体性。镜像社会表达了网络社会与现实社会相互映射的状态，是现实社会在网络虚拟平台上的映像展示。镜像社会管理观强调网络虚拟社会源于现实，抓住了其"物质性"本质，但容易忽视对社会管理价值及文化层面的内容。新社会的理念认为，虚拟社会与现实社会是完全不同的社会形态，社会主体、社会关系、行动机制都具有新的独特性。[②] 这是因为：一是网络是由相互关联的点组合而成，数字和数据流的兼容型构了结构和关系网络的发生机制；二是网络社会关系形成的虚拟性是在数字化过程中产生的，从而导致了现实社会由刚性和制度化走向模糊和钝化，由此消解了现实社会的各种伦理关系、法律关系和群体关系等传统的关系概念；三是网络社会的数字化进程和发散延展，链接了传统社会很难存在交集的新形态关系，这种

[①] 陈联俊等：《虚拟社会的制度失范与治理路径——基于社会管理视角》，载《首都师范大学学报（社会科学版）》2013年第1期。

[②] 符永寿、刘飚：《网络虚拟社会的管理模式创新》，载《广东社会科学》2012年第6期。

现象、趋势和过程的发生，同网络数字结构的中观层次的技术性特征相联系，即人们一方面能够发生着各种不同于传统社会的关系，另一方面也肯定可以从数字化的技术特性层面，对此作出认知和解释；四是网络社会关系的数字化过程与延伸趋势的加深推动所构建的新形态，推动新形成的社会进程和社会制度走向重新概念化，这也要求我们对社会治理业已构建的制度文本的概念进行重新定义。①

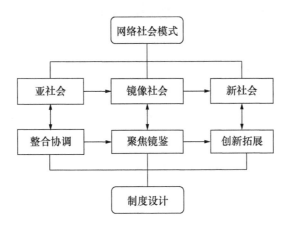

图1　三种不同网络社会管理战略与制度模式设计对应路径图

因此，对于网络社会安全的治理也应该采取不同于治理现实社会的制度范式，我们的制度设计理念和实施路径也需要有本质性改变，需要依据每种理念的内涵特征提出不同的规划战略，以契合不同的社会治理的目标诉求。亚社会的管理战略主要立足于社会建设的整体性和社会管理的统合性，将虚拟社会与现实社会紧密结合，线上管理与线下管理相统一，强化虚拟社会管理的联动制度和整体化制度设计；镜像社会战略模式主要强调网络平台对现实社会的热点聚焦效应和媒介延伸作用，强调舆情监控和引导制度的设计规划；新社会战略模式着眼于新空间的开拓、管理制度改革，以及技术创新和新功能充分发挥作用的制度设计。沿着三种治理理念的制度功效脉络，从整合协调、聚焦镜鉴到创新拓展，最终强化和完善网络社会治理的相关制度设计，推进社会关系和社会结构的充分和谐发展。对于网络虚拟社会的内在本质，社会管理理论和实务界需要持续地对不同模式的内涵进行深入解读及战略定位。因此，以制度入手，针对网络社会管理的不同理念分类下的模式发展战略，提出不同的社会治理创新之道，实为合理的考量路径。

---

① 戚攻：《网络社会的本质：一种数字化社会关系结构》，载《重庆大学学报（社会科学版）》2003年第1期。

四、现代网络社会安全治理的路径探讨

成熟的社会发展模式,应该适应社会内在规律,根据经济基础和社会结构的变迁,不断优化社会治理模式的渐进式变革过程。我们身处复杂多元、流动性风险日益加剧的时代,多重分线叠接和交叉共振,对传统的社会治理结构带来了不确定、不安全因素。在这种模糊性和异质性背后,是网络社会成长的可预见的轨迹,而对于网络带来的风险和挑战,则需要运用技术和制度去共同化解。就技术风险而言,拉什曾警醒道:"用技术手段来防范和化解的风险预警与控制机制,可能会牵扯出新的进一步的风险,可能会导致更大范围更大程度上的混乱无序甚至瓦解。"[①] 面对网络社会的迅速发展,我们要努力适应新形势下虚拟社会情势迅猛发展的新要求,抓住全球信息革命发展的新机遇,转变传统管理理念,迎接网络社会的新挑战,根本理念的指引就是如何构建公平、开放和包容的网络社会管理新机制。

(1) 改变传统社会治理思维,创新网络社会治理范式。面对网络社会治理的安全隐患和行为失范现象,政府作为社会治理的主导机构,理应首先发挥矫正和调整作用,注重制度设计的合理合规性。网络空间政治话语权力的分散化,某种程度促成了治理的"去中心化"的结果,政府要在网络治理的制度层面灵活设计,积极疏通网民利益表达和交流的渠道,有效消解网络民意的非正式的输出路径导致的风险隐患。政府应该明白,正是制度的缺失或者不完善,才使网络民意的传导出现消息孔道堵塞和非理性情绪的涌现,也对部分网络民众的利益产生了侵蚀和占据,所以,政府应经常反思制度设计的公正性,利用矫正策略和补充性政策,不断修正和完善现有制度的框架内容。要将评估和监管全过程化,并将结果及时反馈到制度决策和设计的环节中去。除此之外,制度设计也需要辅以一定的技术性治理,如网络实名制、后台登记等举措,也可以一定程度上规范网络民众的表达诉求和利益整合的基础原则。

(2) 加强网络舆情预警和防范,强化对网络运营商的管制和约束制度。网络公共空间的自主性带来网络言论和网络话语示范的随意性,已经开始出现对于原有监管框架的"脱域"状态,需要从制度层面重新对这些偏离规约框架的现象进行标准规制。巴格(R. N. Barger)认为,在不同世界观的群体之间,产生统一的标准还是有可能的,这里有三条基本原则,即诚实、公正和真实原则,在一般性规则约束领

---

① 李惠斌主编:《全球化与公民社会》,广西师范大学出版社2003年版,第67页。

域,通过惩罚和奖励的原则强化对不道德行为的禁止。[①] 政府的思路,应从传统的"情境监管"向现代"网络治理"方向转变。这样做的目的,是在技术层面给全网民众提供宽松和谐的表达和交流环境,使用制度手段屏蔽或者过滤掉某些不和谐的声音,用共同同意的规则,保持网络使用和监督过程的程序公平,整体建立起对运营者和相关管理机构的行业自律与制约机制,做到维护网络公众的合法权益,公正行使各项权力。

(3) 完善网络社会安全治理大数据协同制度,构建开放治理网络。网络社会公共安全治理作为一种复杂系统的治理范式,本身需要建构完善的开放式治理要素协同网络,通过有效整合各功能系统网络的资源、信息和能量,达到治理绩效高度融合的效果。大数据网络治理应有效贯通纵向治理的政府管理网络、社区自治网络和居民信息网络,横向链接社会组织、企业和私人信息网络,应以国家政府网络信息服务中心为核心,以地方网络管理分中心为轴线,串联地区各网格终端点为载体的数据信息框架,建构纵横交错、多维联合、立体延伸的网络数据大系统。在协同机制建设层面,应建立政府数据公开机制、职能部门数据共享机制、信息管理制度创新机制及数据风险管控机制多位一体的数据管理和服务体系。进一步而言,政府如果提出向公众公布更多数据的目标,需要首先克服已有信息管理规定条文不确定性与隐私性的要求。为了推动公共部门接受开放数据的革新,需要在开放政府伙伴关系的创新上、在公开政府信息策略的创新上、在修订开放式数据法令工作的创新上,以及在落实有效的模式创新上开展进一步研究,才能有效地面对风险,迎接数据开放后的挑战,为全面应对网络社会公共安全问题做好基础性制度培育和完善工作。[②] 大数据开放系统要素的协同机制,是构建全社会网络安全共同体的基础,是社会公共安全治理网络综合服务平台搭建的前期工作的主要内容。

(4) 积极探索网络社会安全治理的整体制度设计思路。依据对网络社会治理的整体联动制度设计和机制运行模式,从网络平台的搭建、网络信息的整合和媒介的引导维度,构建起基础性的成长型制度优化机制,筑牢网络社会安全治理的制度根基;从舆情控制、风险防控和反应机制的重构维度,推进不断增长的发展型制度强化机制,促进网络社会治理的程序公开;从空间开拓、模式变革、技术突破维度,强化探索性的创新型制度机制,实现网络社会治理的结果共享。具体到网络社会安

[①] R. N. Barger, *In Search of a Common Rationale for Computer Ethics*, Third Annual Computer Ethics Institute Conference, 1994, pp. 31-36.

[②] Keiran Hardy, Alana Maurushat, Opening up Government Data for Big Data Analysis and Public Benefit, *Computer Law & Security Review*, Vol. 33, No. 1, 2016.

全治理的制度设计层面,应该从四个方面展开探索:横向调剂的包容化制度设计、底线平等的强制性制度设计、差别对待的激励式制度设计和良性均衡的发展式制度设计。从而从整体意义上,达到满足网络社会安全治理的需求差别、守住代际伦理公平、坚持引导激励和促进最终的可持续发展的目标。

五、结语

总之,在现代社会中迅速发展的网络科技促进了社会结构和行动模式的变革与创新,给当前的网络社会的安全治理带来了新的挑战。作为一种复杂的系统机制,对于网络安全的治理应在整体安全观的基础上加以探讨。本文立足于制度发展视角,从网络社会治理与制度建设的关系入手,从网络社会公共安全治理的制度特征表现、问题原因及对策路径方面,深入解释了制度发展对网络社会公共安全治理的重要功能和现实价值。本文以比较整合性的研究路径,将现实社会公共安全制度建设的思路嵌入到网络社会的安全治理体系中,将网络社会与现实社会的安全治理的逻辑相契合,深入挖掘社会安全问题产生的机制,明确双方互动的内在动因和关系机理。通过亚社会、镜像社会和新社会三种不同管理模式的比较,本文提出了现代网络社会的战略模式着眼于新空间的开拓,通过制度改革、技术创新和新功能的充分发挥,实现社会结构变革和行动思维发展,并从整合协调、聚焦镜鉴到创新拓展,最终强化和完善网络社会治理的相关制度设计,推进社会关系和社会结构的充分和谐发展。在政策层面,本文从深层次制度建构层面,通过探讨改变传统社会治理思维,创新网络社会治理范式;加强网络舆情预警和防范,强化对网络运营商的管制和约束制度等方式,积极探索网络社会安全治理的整体制度设计的思路,以实现推进网络社会公共安全治理效能提升的最终目的。当然,作为一种规范性研究,本文仅仅是从较为宏观的制度建设层面,探讨了网络社会公共安全治理的方略性问题,从理论功能和现实经验层面来看,对于制度建设如何在网络社会公共安全治理的过程中有效落实,如何在现实领域提出更具有针对性及可操作性的具体策略,还有待深入研究。

环境风险与治理

公众环境风险应对行为的类型划分及动态演变

张霞飞*

摘　要：关于环境风险项目选址的公众态度行为，既有研究往往呈现出简单的二元划分，如"支持"或"反对"，且研究多聚焦于公众的反对行为，却忽略了公众风险应对行为的复杂性与动态性。借鉴风险的社会放大理论与风险防护理论，本文构建了环境风险应对行为的整合性分析框架，并选取中国情境下三个典型的核设施项目案例，通过案例比较分析，基于风险感知差异与风险沟通成效两个维度，提出了四种不同的公众风险应对行为类型：低风险感知支持型"默许—支持"与"默许—适应"的风险应对行为，高风险感知防御型"防护—动员"与"防护—抗争"的风险应对行为。在不同情况下，这四种行为类型也会呈现由低阶向高阶的动态转化。这些发现为理解中国情境下公众的环境风险应对行为选择的复杂性提供了理论阐释，同时也为政府的环境风险治理提供了政策启发。

关键词：环境风险治理；风险感知；风险沟通；风险应对行为

一、引言

现代社会中以高度复杂性与不确定性为基本特征的环境风险议题日益成为社会论争的焦点，以 PX 项目、垃圾焚烧厂、核电站选址等具有环境风险特征的设施项目引发附近公众争议便是这一现象的表征。这些争议大致分为支持或反对两类。[①]

---

* 张霞飞，山东大学政治学与公共管理学院博士研究生，主要研究领域：危机管理、城市治理、社区治理。

[①] Andrés Di Masso Tarditti, Towards a New Topology of Social-environmental Conflicts: Rethinking NIMBY in the Context of Environmental Mobilisations in Catalonia, Paper Presented at the European Consortium for Political Research Joint Sessions of Workshop, Intercollege, 25-30 April 2006.

其中，现有研究中以对民用核设施的公众接受度研究最为典型。[①] 从历史上看，公众的核风险认知肇始于核武器——原子弹的爆炸，以及三次大的核事故（三里岛核事故、切尔诺贝利核事故及福岛核事故），由此形成的公众反核运动成为社会运动领域的重要分支。[②] 进入 21 世纪后，随着环保主义的兴起与公民权利意识的觉醒，中国某些涉核项目引发公众争议的事件日渐增多，如 2007 年山东红石顶核电站选址争议、2012 年彭泽反核事件、2013 年广州江门鹤山反核事件、2016 年江苏连云港"反核废料"事件等。为应对能源危机及气候变化的压力，中国政府大力发展核电的决心已经确定无疑。据国家核安全局统计，截至 2018 年 3 月 9 日，中国已建成的核电机组有 38 台，在建核电机组有 18 台。[③] 随着国家核电战略的实施，如何增强组织机构充分预防和应对核风险，以此增进公众对政府及核企业管理的信心，决定着中国未来能源转型的顺利进行以及核战略的发展。那么，当前公众在面对具有较大不确定性的核设施选址时，会有怎样的心理变化及行为反应？或者更进一步，公众应对环境风险的行为光谱是什么？对以上问题的回答，能够从微观层面与中观层面发掘公众应对环境风险项目的心理及行为变化的发生机理，对于解决当前中国社会多发的矛盾冲突具有重大的现实意义。同时，对公众风险行为进行类型学研究，能够有效拓展风险行为理论在中国的适用性，从而为风险管理提供新的理论依据和实践依据。

本文借鉴风险的社会放大理论与风险防护行为决策理论，构建了一个环境风险行为反应的整合性分析框架（Environmental Risk Behaviour Framework，ERBF），结合中国情境下三个典型核设施选址案例予以验证。我们所构建模型的假设是，通过风险感知与风险沟通双重维度，揭示公众环境风险应对行为的生成机制及风险行为选择的连续光谱。将 ERBF 模型应用到研究核电站选址地公众的风险应对行为中，探讨微观个体的心理层面的发生机理，帮助决策者制定灵活的应对措施。本文结构安排如下：首先，对相关文献进行梳理，发现当前的研究空白与不足，提出本文的

---

① Joop Van Der Pligt, J. R. Eiser, and R. Spears, Public Attitudes to Nuclear Energy, *Energy Policy*, Vol. 12, No. 3, 1984, pp. 302-305; Lennart Sjöberg, Local Acceptance of a High-level Nuclear Waste Repository, *Risk Analysis*, Vol. 24, No. 3, 2010, pp. 737-749; Annukka Vainio, R. Paloniemi, and V. Varho, Weighing the Risks of Nuclear Energy and Climate Change: Trust in Different Information Sources, Perceived Risks, and Willingness to Pay for Alternatives to Nuclear Power, *Risk Analysis*, Vol. 37, No. 3, 2017, pp. 557-569.

② Rolf Lidskog, Ingemar Elander, Reinterpreting Locational Conflicts: NIMBY and Nuclear Waste Management in Sweden, *Policy & Politics*, Vol. 20, No. 4, 1992, pp. 1-16; Gary L. Downey, Ideology and the Clamshell Identity: Organizational Dilemmas in the Anti-Nuclear Power Movement, *Social Problems*, Vol. 33, No. 5, 1986, pp. 357-373.

③ 资料来源：http://nnsa.mee.gov.cn/，2018 年 7 月 12 日访问。

创新观点；其次，结合风险的社会放大理论框架及风险防护行为理论，建构环境风险行为的整合性分析框架；再次，对三个核电项目案例进行实证分析；最后，得出研究结论与政策启示。

二、文献综述

（一）风险应对行为

在具体的社会规范、习俗和制度文化中，不同主体对争端中的风险与利益解读不同，导致其采取的应对行为也不尽相同。[①] 狄恩·普鲁特（Pruitt）等将冲突行为细化为回避、争斗、让步和问题解决四种方式，并认为这四种方式会出现轮番或组合使用的情况。[②] 凯亚尼（Caiani）等将抗议行为按激进程度划分为五类：常规行为（conventional actions，如游说、发传单等）、示范行为（demonstrative actions，如请愿、街道游行等）、表达行为（expressive actions，如举办活动）、对抗行为（confrontational actions，如干扰、占用、封锁等）和暴力行为（violent actions，如身体接触的暴力冲突）。[③] 林德尔（Nichael K. Lindell）和佩里（R. W. Perry）提出的风险应对行为防护理论，将个人在危机情景下的行为反应分为信息搜寻、防护反应和情绪反应。[④] 这表明，面对不同的风险情景，公众会表现出不同的风险反应行为。而在风险情景下风险感知[⑤]、风险沟通[⑥]则成为公众行为决策的重要影响因素。

[①] Marc Howard Ross, *The Culture of Conflict: Interpretations and Interests in Comparative Perspective*, Yale University Press, 1993.

[②] 〔美〕狄恩·普鲁特、金盛熙：《社会冲突升级、僵局及解决》，王凡妹译，人民邮电出版社 2013 年版，第 5—7 页。

[③] Manuela Caiani, Donatella della Porta, and Claudius Wagemann, *Mobilizing on the Extreme Right*, Oxford University Press, 2012.

[④] Michael K. Lindell, R. W. Perry, The Protective Action Decision Model: The Oretical Modifications and Additional Evidence, *Risk Analysis*, Vol. 32, No. 4, 2012, pp. 616-632.

[⑤] Ronald W. Perry, M. K. Lindell, Volcanic Risk Perception and Adjustment in a Multi-hazard Environment, *Journal of Volcanology & Geothermal Research*, Vol. 172, No. 3-4, 2013, pp. 170-178; Wei Jiuchang, Fei Wang, and Michael K. Lindell, The Evolution of Stakeholders' Perceptions of Disaster: A Model of Information Flow, *Journal of the Association for Information Science and Technology*, Vol. 67, No. 2, 2016, pp. 441-453.

[⑥] Ragnar E. Löfstedt, The Barsebäck Nuclear Plant Case, *Energy Policy*, Vol. 24, No. 8, 1996, pp. 689-696.

(二)风险感知与风险应对行为

所谓风险感知是指"在信息有限和不确定的背景下,个人或某一特定群体对风险的直观判断"[1]。而风险特征(发生概率、危害程度、后果的不确定性与持续)[2]、个体特征的差异[3]、社会文化(信任)[4] 成为影响风险感知的三个重要维度。个人因风险感知而搜寻有关灾难或风险的可能性、严重性和即时性等信息[5],进而影响个人应对风险的行为意向。过低的风险感知不利于采取有效的自我防护行为,而风险感知过高又将导致反应过于激烈,产生过度的非理性行为,进而导致社会问题。里德尔(Mary Riddel)和海尔斯(David Hales)通过实证调查了风险厌恶、风险误解和认知能力对参与增加或减轻癌症风险应对行为选择的影响。[6] 这些研究表明,不同程度以及不同类型的风险感知会直接引发不同类型的风险应对行为选择。

(三)风险沟通与风险应对行为

风险沟通是指个体、群体和机构之间信息和观点的交互活动,这一过程涉及多侧面的风险性质及其相关信息。风险沟通不仅传递风险信息,还包括各方对风险的关注和反应,以及发布官方在风险管理方面的政策和措施。[7] 从本质上看,风险沟通是多元利益相关者共同参与社会关系建构的过程,这种社会关系的核心是信任。这一内涵包含了公众参与、社会信任等因素。有效的沟通对于成功解决不同类型的

---

[1] Paul Slovic, Perception of Risk, *Science*, Vol. 236, No. 4799, 1987, pp. 280-285.

[2] Timothy McDaniels, Lawrence J. Axelrod, and Paul Slovic, Characterizing Perception of Ecological Risk, *Risk Analysis*, Vol. 15, No. 5, 1995, pp. 575-588.

[3] James Flynn, Paul Slovic, and Chris K. Mertz, Gender, Race, and Perception of Environmental Health Risks, *Risk Analysis*, Vol. 14, No. 6, 1994, pp. 1101-1108; Giulia Roder, et al., Natural Hazards Knowledge and Risk Perception of Wujie Indigenous Community in Taiwan, *Natural Hazards*, Vol. 81, No. 1, 2016, pp. 641-662.

[4] Karl Dake, Myths of Nature: Culture and the Social Construction of Risk, *Journal of Social Issues*, Vol. 48, No. 4, 1992, pp. 21-37.

[5] Michael K. Lindell, Seong Nam Hwang, Households' Perceived Personal Risk and Responses in a Multi-hazard Environment, *Risk Analysis*, Vol. 28, No. 2, 2008, pp. 539-556.

[6] Mary Riddel, David Hales, Predicting Cancer-Prevention Behavior: Disentangling the Effects of Risk Aversion and Risk Perceptions, *Risk Analysis*, Vol. 38, No. 10, 2018, pp. 2161-2177.

[7] Vincent T. Covello, et al., Risk Communication, the West Nile Virus Epidemic, and Bioterrorism: Responding to the Communication Challenges Posed by the Intentional or Unintentional Release of a Pathogen in an Urban Setting, *Journal of Urban Health*, Vol. 78, No. 2, 2001, pp. 382-391.

安全或环境争议至关重要。① 涉及高度关注的风险情况会对有效沟通造成实质性障碍②，并引发强烈的情绪，如恐惧、焦虑等强烈的情绪反应③。当沟通环境变得情绪化时，有效沟通的规则就会改变。以往熟悉的和传统的方法可能不能有效应对或使情况变得更糟。有实证研究发现，在瑞典，政府通过媒体的积极报道和宣传，成功地使得公众对核电的态度由消极变为积极，并最终接受了核电项目的建设④，这表明了风险沟通能够有效调节风险应对行为选择。

综上所述，既有研究往往聚焦于风险感知对风险应对行为反应的作用，却忽视风险沟通对风险应对行为调节的影响。同时，对个体环境风险应对行为的具体类型及形成机制的研究尚显不足。⑤ 事实上，作为影响风险沟通的核心要素，如媒介的宣传、公众参与、信任等因素在调节公众风险应对行为选择上发挥着关键作用，而已有的研究仅把风险沟通视为行为冲突发生后的一种事后补救行为。当风险事件或项目出现时，风险感知与风险沟通如何共同影响风险应对行为，风险感知、风险沟通及风险行为之间存在什么样的逻辑链条，既有的文献也并未指出。同时，当前关于核项目的案例研究，多是集中于单个案例研究⑥，尽管单个案例为我们能够识别某种复杂现象及内在机理展现了丰富的细节，但是个案的局限性使之不能作为推论总体的依据，因而需要选择多个案例进行逻辑的扩展，以此建构具有延展性的理论。⑦ 因此，本文选取中国情境中三个核项目案例，以探索环境风险设施选址地公众风险应对行为的类型及转化机制。

---

① V. T. Covello, D. B. McCallum, M. T. Pavlova, Principles and Guidelines for Improving Risk Communication, in V. T. Covello, D. B. McCallum, M. T. Pavlova (eds.), *Effective Risk Communication: The Role and Responsibility of Government and Nongovernment Organizations*, Plenum Press, 1989, pp. 3-16.

② Baruch Fischhoff, Risk Perception and Communication Unplugged: Twenty Years of Process, *Risk Analysis*, Vol. 15, No. 2, 1995, pp. 137-145.

③ V. T. Covello, P. M. Sandman, Risk Communication: Evolution and Revolution, in A. Wolbarst (ed.), *Solutions for an Environment in Peril*, John Hopkins University Press, 2001, pp. 164-178.

④ Lennart Sjöberg, Local Acceptance of a High-level Nuclear Waste Repository, *Risk Analysis*, Vol. 24, No. 3, 2010, pp. 737-749.

⑤ Jing Zeng, et al., Information-seeking Intentions of Residents Regarding the Risks of Nuclear Power Plant: An Empirical Study in China, *Natural Hazards*, Vol. 87, No. 2, 2017, pp. 739-755.

⑥ He, Guizhen, et al., Public Participation and Trust in Nuclear Power Development in China, *Renewable and Sustainable Energy Reviews*, Vol. 23, 2013, pp. 1-11; Zhu, Weiwei, Wei, Jiuchang and Zhao, Dingtao, Anti-Nuclear Behavioral Intentions: The Role of Perceived Knowledge, Information Processing, and Risk Perception, *Energy Policy*, Vol. 88, 2016, pp. 168-177; Hung, Hung Chih, T. W. Wang, Determinants and Mapping of Collective Perceptions of Technological Risk: The Case of the Second Nuclear Power Plant in Taiwan, *Risk Analysis*, Vol. 31, No. 4, 2011, pp. 668-683.

⑦ Kathleen M. Eisenhardt, Building Theories from Case Study Research, *The Academy of Management Review*, Vol. 14, No. 4, 1989, pp. 532-550.

三、理论框架及研究方法

（一）理论回顾及框架模型的构建

1988年，卡斯帕森（Roger E. Kasperson）等学者提出风险的"社会放大框架"（SARF），回答了"为什么被专家评估为一些相对较小的风险或风险事件，通常引起公众广泛的关注，并对社会和经济产生重大影响"的问题。在该框架中，风险的社会放大包含两个主要阶段：第一阶段，关于风险（或风险事件）的信息传递机制，主要包括风险的社会经验和非正式的沟通网络；第二阶段，社会的反应机制，主要通过启发式和价值观、社会群体关系、信号值、污名化四条路径来实现。[1] SARF为我们清晰呈现了风险事件与心理的、社会的、制度的和文化的过程之间的相互作用，会增强或减弱公众的风险感知度和相关的风险行为模式，继而产生次级的社会或经济后果。尽管SARF为我们展现了风险事件引发的个人、组织及社会的行为反应的较为具体的细节，但是这一框架包罗万象，缺乏简洁性。同时，涉及具体风险情景时，个体会有怎样的具体行为反应，这一框架的解释度还不够。2012年，林德尔和佩里提出的防护行为决策模型（Protective Action Decision Model, PADM）对上述研究进行了推进。PADM重点关注灾害情景下个体的行为反应，并将其划分为信息搜寻、关注问题的防护反应和关注情绪的行为反应。[2] PADM阐述了公众应对环境危害和灾难所采取的防护行为的心理决策过程。然而，因环境风险设施兼具风险属性与利益属性，PADM关于此种类型的风险项目或设施的公众行为选择，还存在一定的局限性。PADM中，公众表现出三种行为反应——信息搜寻、防护反应、情绪反应，然而这仅是一种心理决策状态，并未呈现具体的行为意象，因而可能会影响人们的危机应对，最终影响危机交流的效果。再者，在该模型中，对风险沟通这一重要维度的考量仅以笼统的社会因素予以考虑，未能更细致地展现风险行为类型及行为之间的转化过程，这些缺憾为本文提供了可拓展空间。

通过借鉴风险的社会放大框架与防护行为决策模型，本文构建了环境风险行为

---

[1] Roger E. Kasperson, et al., The Social Amplification of Risk: A Conceptual Framework, *Risk Analysis*, Vol. 8, No. 2, 1988, pp. 177-187.

[2] Michael K. Lindell, R. W. Perry, The Protective Action Decision Model: The Oretical Modifications and Additional Evidence, *Risk Analysis*, Vol. 32, No. 4, 2012, pp. 616-632.

的整合性分析框架（见图1），该框架被用来分析中国情境下核电站选址建设引发公众的风险应对行为。这一框架主要分为两个阶段：风险信息传递阶段与风险行为反应阶段。

一方面，风险信息传递阶段包括风险感知与风险沟通两个维度，在这一过程中，个体接收到环境风险项目选址这一信息时，通过预决策过程（主要是项目的暴露情况以及对风险信息关注程度及理解方式），以情感方式和分析方式触发个体的风险感知。[1] 这些风险信息通过个体特征与社会心理因素[2]（利益感知、信任、公平感知、政治观、价值和身份认同）等共同形成了公众的风险感知，以此能够调整个人采取的风险行为意向[3]。在具体的风险情景中，较高的环境风险感知可能带来上访、街头散步、暴力群体性事件等高风险反应行为，进而可能导致项目延迟和政策失败；[4] 而风险感知过低时，公众有可能放弃采取有效的自我防护行为，当面临公众风险事件时，会通过参考社交网络中其他人的态度和行为来应对风险。尽管风险感知预测并调控人们的行为反应，公众最后采取何种风险行为模式还取决于风险沟通的有效性。风险沟通是利益相关主体之间基于风险感知采取对话与合作，而风险情景中利益主体方之间的风险沟通的成效将调节公众的行为选择。[5] 在风险信息传递阶段，风险感知差异及风险沟通效果共同决定着公众风险行为的表现形式。

另一方面，在风险行为反应阶段，环境风险事件经过个体的风险感知与相关方的风险沟通传递阶段后，形成两种行为反应：默许行为与防护行为。默许行为是经过风险感知与风险沟通阶段后，个体应对环境风险行为表现为支持性或者默然性同意；防护行为是个体应对环境风险行为表现为反对或对抗。

---

[1] Paul Slovic, et al., Risk as Analysis and Risk as Feelings: Some Thoughts about Affect, Reason, Risk, and Rationality, *Risk Analysis*, Vol. 24, No. 2, 2004, pp. 311-322.

[2] Elaine Gierlach, Bradley E. Belsher, and Larry E. Beutler, Cross-cultural Differences in Risk Perceptions of Disasters, *Risk Analysis*, Vol. 30, No. 10, 2010, pp. 1539-1549; De Groot, Judith IM, Linda Steg, and Wouter Poortinga, Values, Perceived Risks and Benefits, and Acceptability of Nuclear Energy, *Risk Analysis*, Vol. 33, No. 2, 2013, pp. 307-317.

[3] Michael K. Lindell, Seong Nam Hwang, Households' Perceived Personal Risk and Responses in a Multi-hazard Environment, *Risk Analysis*, Vol. 28, No. 2, 2008, pp. 539-556.

[4] Alexander Glaser, From Brokdorf to Fukushima: The Long Journey to Nuclear Phase-out, *Bulletin of the Atomic Scientists*, Vol. 68, No. 6, 2012, pp. 10-21.

[5] Terence R. Lee, Effective Communication of Information About Chemical Hazards, *Science of the Total Environment*, Vol. 51, 1986, pp. 149-183.

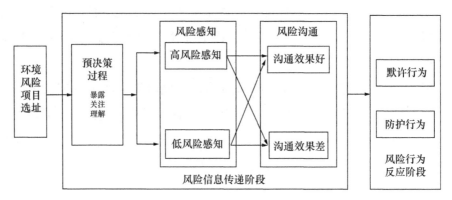

图 1　环境风险行为的整合性分析框架

（二）研究方法

本文将超越以往对单案例的深描与局限，采用多案例对比分析方法，选取三个典型的核设施选址案例作为研究对象：红石顶核电站项目、海阳核电站项目、连云港"反核废料"事件，以揭示中国公众环境风险应对行为的类型光谱。案例选择理由：第一，案例的典型性。红石顶核电站选址地的公众核风险应对行为反应存在显著差异与分化，这种案例内部典型性差异具有较大的研究价值。海阳核电站从项目选址前到项目建设中，公众核风险应对行为出现了变化，有利于考察历时性对风险应对行为变化的影响。连云港核废料选址引发市民激烈的街头抗议，社会影响力较大，且与前两个类型都不相同。选择这三个案例能够较为全面地梳理出公众环境风险应对行为类型及动态转化逻辑，以此呈现当前中国公众环境风险应对行为的全景式过程。表1展现了三个案例的具体特征。第二，资料的可获得性。前两个案例的资料来源于课题组的田野调查①及网络媒体资料，连云港"反核废料"事件的资料主要来源于网络媒体报道，并将获得的准确的背景信息和充分的细节材料进行深度描写。本文数据收集方法主要包括：面对面访谈、电话访谈、微信访谈及一些档案数据，如反核人士整理的事件实记、网络论坛相关报道、相关新闻报道、政府部门的有关声明等，这些多源数据能提供更精确的信息，得出更稳健的理论结果。

---

① 此次访谈对象主要包括：红石顶核电站项目的主要反对者（3位）、核电站选址所在村的村民（3位）、海阳所镇市民（2位）；海阳核电站附近居民（3位），海阳市市民（2位），海阳核电站内部工作人员（2位）。

表1 三个案例的特征比较

	红石顶核电站项目		海阳核电站项目	连云港"反核废料"事件
人群类型	当地村民	外地购房业主	当地公众	当地市民
历时性	选址前	选址前	选址到开工建设	选址前
风险感知	较低	较高	从低到高	较高
风险沟通	有效	有效	有效	失败
风险应对行为	支持	反对	从支持到适应	激烈抗议

资料来源：作者自制。

四、案例比较分析：核项目在不同情境中的风险传递差异及行为反应

（一）红石顶核电站选址——支持还是反对：异质性群体的核风险应对行为

1. 案例简介

红石顶核电站曾选址于中国山东省乳山市海阳所镇S村。1983年，红石顶核电厂址成为全国6个预选厂址之一。1995年，经国家有关部门筛选审核，最终确定红石顶核电站和直线距离20余公里的海阳核电站为两个"优选厂址"。2005年10月9日，山东省政府与中国核工业集团公司正式签署了《关于加强全面合作共同促进山东核电发展框架协议》，确定中国核工业集团公司为乳山核电站项目的投资主体。2006年5月24日，山东乳山红石顶核电有限公司筹建处在乳山市正式揭牌；2006年11月1日，山东乳山红石顶核电有限公司正式成立，标志着乳山红石顶核电站项目正式启动。

在核电站项目开工建设消息发布后不久，乳山市出现了两种不同的声音：选址所在地S村村民的支持和Y度假区外来购房业主的反对。在当地政府、核电方的积极宣传下，通过与当地村民达成拆迁补偿协议，大部分村民对这一项目表示支持，并已对搬迁村落实施房屋土地的丈量工作。而与S村隔海10公里的Y度假区的外来业主们听闻这一消息后，通过当地论坛发帖，表示反对建设核电站。为阻止核电站的建设，Y度假区部分业主组建了一个反核论坛，通过历时两年的各种形式的动员宣传及上访等抗议活动引起了社会媒体以及中央高层的重视，核电站的筹建工作陷入停滞。2008年年底，红石顶核电站项目的工作人员全部转移到安徽吉阳，乳山市胜利街的核电站筹建处从此人去楼空。2011年年初，威海市政府"十二五"规

划中提出"择机重启乳山红石顶核电站项目",后因福岛核事故及其他因素的影响项目未重启成功。

2. 案例分析

(1) 当地村民的"默许—支持"风险应对行为

低风险感知与卓有成效的风险沟通形塑了当地村民的核风险传递过程及行为反应。利益感知与政府信任深刻影响了当地村民的核风险感知。一方面,对当地村民来说,红石顶核电站经过长达二十多年的科学论证,是当地政府通过长期争取、经过国家有关部门严格层层筛选的成功结果,能争取到核电站建设项目,对当地人来说,收益大于风险。调研时发现,成本收益是影响当地村民核风险感知的首要因素。当地村民的态度生动表现出对核电站项目带来的经济收益的期待,比如有村民表示,"核电站在这修建以后,老百姓的生活肯定会变得更好的。乳山市也会因此受益,包括修路、拉动就业等各个方面"。(访谈记录:RS2016072902)这些经济收益塑造着当地人较低的核风险感知。另一方面,多位受访者都表达了对政府的信任。当地村民较高的政府信任,形塑了村民较低的风险感知。与此同时,政府、核电方与当地村民良好的沟通成效有力地形塑了公众的风险应对行为选择。地方政府及核电方通过大众媒介(电视、报纸)的宣传,如发放宣传手册、画册,并邀请一些村民去秦山核电站参观等极大地提高了对风险的沟通成效。核电站选址地村民代表参观完秦山核电站后指出,"我们去参观的时候,发现距离核电厂址也就大约五百米的村庄都没有搬迁,假如说对人体有影响的话,或对生态有影响,造成比如说物种的变种,或者说植物变异等,那肯定当地老百姓是不干的"。(访谈记录:RS2016072901)这种向村民传达并让他们相信和接受被专家"科学鉴定"的"风险",通过让学习、被矫正和接受"正确的"风险知识的村民参与其中的方式,逐渐降低村民的核风险感知。

当地村民在成本收益的考量下表现出较低的核风险感知,因而对核电站建设项目表示默许。而核电方、当地政府通过各种沟通渠道与村民之间达成有效的共识,从而使得默许行为转化为支持行为。因而,当地村民对红石顶核电站项目的落地表现为"默许—支持"。

(2) Y度假区业主的"防护—动员"风险应对行为

有趣的是,Y度假区业主则作出与当地村民完全不同的风险应对行为。较高的风险感知与风险沟通的部分畅通形塑了Y度假区反核业主的风险应对行为。调研中发现,购房前房地产商对修建核电站情况的隐瞒或未告知构成了Y度假区业主反核行为的导火索。在业主们看来,虽然在此购买房产是业主的自愿行为,但房地产开发商与当地政府存在"利益共享联盟",地方政府同时发展核电与民居的规划,忽视了业主们对安全环境的诉求,导致业主们对当地政府的不满,也就进一步加剧了其风险感知。(访谈记录:RS2016072802)历史上发生的核事故及其灾难性后果提高了反核业主的风险感知,而对核电站与居住区距离过近的担忧,更增加了业主们的核风险感知。这种心理反应调控着人们的行为反应,例如,业主们通过网络论坛发帖、要求核电方给出环评结果、多次向中央部门上访等行为表达诉求。

在风险沟通中,开放的上行沟通渠道弥补了利益相关方之间的风险沟通"鸿沟"。尽管反核业主与核电方就核电站选址合规性进行了反复沟通,但这种沟通并未见效。业主们联名向中央部委的上访及有关部委的回复,要求地方政府对群众反映的问题予以回复,成为反核业主们继续与地方政府及核电方进行辩论的有力工具。"我们又收到了国家环保总局的正式复信,该信同时还在环保总局的网站向全国公示。这是继发改委之后国家高层部门对我们行动的又一次正面回应,信中再次肯定了我们的行动。"① 开放的上行沟通使得反核业主们的不满情绪得以部分释放,不至于过分激化。发改委、环保总局的正式回复信,弥补了核电方的公关失败,这种开放的上行沟通渠道大大化解了核电方的风险沟通危机,从而使得业主们的反核行为只表现为一定规模的网络抗议行为、线下不超过百人的无核宣传组织。因而,Y度假区业主中的反核人士的风险应对行为表现为"防护—动员"。

(二)海阳核电站案例——从默许到适应:历时性情景下的公众风险行为反应

1. 案例简介

海阳核电站位于山东省海阳市,三面环海,占地面积2256亩。该项目从1983年开始选址,历经20余年,由2004年9月成立的山东核电集团公司负责设计、运营。2007年,工程正式启动。2009年12月,海阳核电站一期工程正式开工。2013年3月,1号机组实现封顶,这标志着海阳核电站反应堆厂房内部土建施工完成。项目全部建成后将成为迄今为止国内最大的核能发电站。②

2. 案例分析

与红石顶核电站不同,海阳核电站的选址建设并未出现大规模的反对群体,那

---

① 资料来源:http://bbs.txdyt.com/thread-124189-1-1.html,2017年7月28日访问。
② 《海阳核电站预计年内发电 可满足山东3成家庭一年用电》,http://www.dzwww.com/2017/152357/news/201704/t20170427_15848148.htm,2017年7月28日访问。

么海阳核电站从选址到开工建设，公众的核风险感知及风险应对行为到底经历了怎样的变化？

(1) 核电站选址前期的风险应对行为：默许性接受

一些研究表明，利益补偿为获得公众对风险设施的接受提供了宝贵的政策工具。① 在风险设施选址前，选址前期的经济利益的补偿与预期的利好承诺，会极大降低当地公众的核风险感知。正如选址周边村落的一位受访者 H 提道："没听说过有人反对，刚开始建的时候，好像我还在念高中，就听说那边的人都搬出去了，政府还给了不少补贴。周边的人都挺高兴的，因为据说建成了，用电便宜。"（访谈记录：HY2016071001）政府搬迁补贴及低成本用电的短期承诺，让搬迁村落的村民积极拥护核电站的建设。同时，当地政府部门通过各种形式的宣传，如利用电视、广播、报纸等媒介手段，这种单向度的风险信息传播，使得核电站项目的风险沟通取得显著成效，对于前期的项目建设选址，公众的风险应对行为表现为"默许性接受"。

(2) 核电站建设过程中的风险应对行为：不情愿适应

2016年，课题组对海阳核电站附近村落进行调研时，一位村民提到，村里的主要经济来源渔业因核电站兴建后对海域范围的限制而严重受损，在涉及核电站的搬迁和征地时，核电站的搬迁费由上级政府规定的七万元缩水为三万元，对此村民不满情绪十分严重。另一位受访村民表示，征地让其失去了固定的农业收入，因为年龄较大，政府并没有为他们安排后续的谋生工作，因而对于核电站的修建还是有些不满。而由于工程技术原因导致核电站项目迟迟未投入发电，村民们开始抱怨并未享受到优惠的电价。利益补偿的缩水、年龄较大的失地农民面临失业、优惠电价承诺的未兑现等补偿措施不到位，使得选址地附近村民对核电站项目的接受度低于之前。因建设周期的跨度较长，如果利益补偿不到位或者缺乏畅通的信息表达渠道，选址地村民可能会重新评估核电站的风险，其风险感知与风险行为也会出现相应的变化。但因目前项目的风险并未危害大多数村民的核心利益，对于村民来说，虽然心里有抱怨，但既然已经在这里建设，而且自己也在这里生活，也只能予以适应。因而，当地村民的风险行为反应表现为"默许—适应"。

---

① Euston Quah, Khye Chong Tan, The Siting Problem of NIMBY Facilities: Cost-benefit Analysis and Auction Mechanisms, *Environment and Planning C: Government and Policy*, Vol. 16, No. 3, 1998, pp. 255-264; Peter A. Groothuis, Gail Miller, The Role of Social Distrust in Risk-benefit Analysis: A Study of the Siting of a Hazardous Waste Disposal Facility, *Journal of Risk and Uncertainty*, Vol. 15, No. 3, 1997, pp. 241-257.

(三)连云港"反核废料"事件——较为激烈的抗议行为

1. 案例简介

2016年7月,中国核能网站发布《你支持吗?耗资超千亿的核废料后处理大厂或落户连云港》,暗示核废料处理项目将落户连云港。此后,事件迅速发酵,两天阅读人数累计超过10万人,并迅速在社交媒体扩散。此消息迅速引发当地网友对"核"的恐惧与抵制。8月6日傍晚,连云港大批市民开始在市中心聚集,有当地市民高喊"反对核废料"的口号,抗议当地兴建核废料处理厂。当地警方派出大批警力到场,并在网上发出集会未经批准的警告,表示参与者可能违法,又指出项目已经在国家立项,获省、市政府批准,"请广大市民相信政府和党"。8月7日,市政府召开新闻发布会,称目前该项目正处于前期调研和选址阶段,尚未最终确定,下一步市政府将做好相关信息披露,做到公开、及时、准确,依法公开公示,从多种途径听取群众的意见、建议。8月8—9日,市民继续上街抗议。市政府于8月10日凌晨发布公告,暂停核废料项目选址前期工作,至此民众抗议被平息。

2. 案例分析

在这一事件中,公众面对核废料落户连云港的风险应对行为表现为"防护—抗议"。该事件中,不负责任的媒体、愤怒的公众、沉默的央企和反应滞后的地方政府共同推动一则新闻报道演变成公众的游行示威活动。该事件的源头始于具有引导性的自媒体标题、微博发帖及迅速引发的大量网络转载,哗众取宠的自媒体引发公众较高的核风险感知,最终导致市民上街抗议。而沉默的央企与反应滞后的地方政府的行为表现加剧了事件向恶化的方向发展。中核集团下属具体负责该项目的中核瑞能网站在其官方微博上发表声明,除了强调国家、企业的利益和项目带来巨大的经济效益外,却未能对当地公众进行正面回应。除了这份简短的声明,涉事央企一直保持沉默。公众的知情权和参与权在这一事件上未得到充分的尊重和保障。程序正义尚未展开就已失败。虽然有核能行业的媒体在事件爆发之后,希望通过进一步说明和科普核废料处置场的"无害"来说服公众,但这种沟通方式效果尚不明显。在事件发生后,地方政府在危机公关中的及时正确地处理关乎群体性事件的走向。从8月6日至8月9日,游行示威中出现部分警民冲突,直至当地政府在其官网上宣布暂停项目,这场游行示威才趋于平息。危机事件中的这种滞后反应,使得政府与公众达成共识的沟通成效大大降低。在该事件中,风险沟通的失败加剧了公众的风险感知,从而公众的风险应对行为表现为"防护—抗议"。

五、公众环境风险应对行为的类型及其演化过程

通过上述三个典型案例的分析,结合环境风险行为的整合框架(ERBF),归纳出公众环境风险应对行为的类型及其演化过程。

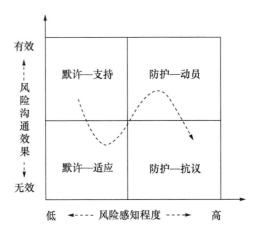

图 2　四种风险应对行为的类型及其演化

(一)四种风险应对行为类型

(1)"默许—支持"类型。具体体现为选址地社区公众具有较低的风险感知,而项目的参与方(当地政府、核电方、媒体)能够与选址地公众进行有效的沟通,如媒体的舆论引导宣传、当地政府宣传、项目实施方科普宣传,都极大地提高了风险沟通效果,提高了公众对风险项目的接受度,红石顶核电站项目中当地人所表现出来的行为就属于该种类型。

(2)"默许—适应"类型。在这一类型中,随着环境风险设施从前期的选址到建设过程,因项目实施方、当地政府与选址地公众风险沟通的中断,如拆迁后失地农民的后续生存保障问题等引发公众产生不满情绪,使得风险沟通的效果降低,但是由于公众对环境风险设施的风险感知依旧较低,因而对设施的建设表现适应,海阳核电站项目中公众的行为就属于此类。

(3)"防护—动员"类型。面对环境风险设施选址,当地公众表现出较高的风险感知,因而表现出一定的防护行为,基于防护群体的规模与资源动员的能力、开放的上行沟通渠道等因素,一定程度上缓解了公众与项目实施方的紧张关系,因而并未演变为大规模的抗议活动,反对红石顶核电站项目的Y度假区业主们的行为就

属于此类型。

(4)"防护—抗议"类型。当项目设施选址地公众有较高的风险感知,而此时,风险项目实施方未能与公众进行及时的沟通及回应,而当参与人数达到一定的规模,政府的风险应急反应滞后,就会演变为大规模的抗议行动,连云港市民街头游行反核废料抗议就属于此类型。

(二)风险应对行为的演化过程

通过比较,我们发现这四种风险应对行为在一定的条件下存在相互转化的动态趋势,并呈现出一定规律。

(1)低阶行为的转化模式:从"默许—支持"到"默许—适应"

通过对比红石顶核电站项目当地公众的"默许—支持"行为与海阳核电站项目当地公众的"默许—适应"行为,发现在历时性的项目选址建设中,存在因风险沟通效果的持续性导致风险应对行为发生变化的现象。对于受众群体特征相同且选址前初始的低风险感知,并不能保证支持行为的持续性,一旦利益承诺未兑现,且缺乏有效的风险沟通,利益感知降低及信任受损等因素都会提高人们对项目的风险感知,但对于正在建设的项目并未威胁到大部分当地人的核心利益,因而也就适应了与核设施相邻。如果这种心理变化未能得到公共政策者的及时关注,一旦出现其他的风险事件,可能会触发风险行为转化,这将不利于对已建核电站选址地的公众的支持信心及后续新建核设施的运营与管理,因而必须重视风险沟通的持续性,防止风险应对行为的转化。

表2 风险应对行为转化的低阶模式因素对比

	红石顶核电站项目	海阳核电站项目
受众特征	当地村民	当地村民
选址历程	选址前	选址—建设
风险感知	低	低—低(+)
风险沟通	有效	有效(-)
风险应对行为	默许—支持	默许—适应

注:"+"表示程度有所增加,"-"表示程度有所降低。

(2)中阶行为转化模式:从"默许—支持/适应"到"防护—动员"

红石顶核电站项目中,差异性的利益主体塑造着差异化的风险应对行为。前已述及,红石顶核电站选址中出现两类人群,一类是支持核电站建设的当地人,尤其是涉及拆迁的当地村民；另一类则是在此地购买房产的外地人士——Y度假区反核业主。基于核电站的收益关切度的差异，对当地人来说，核电站选址利大于弊，因而风险感知较低；对反核业主来说，弊大于利，因而表现出较高的风险感知。而在风险沟通上，当地政府与核电方的宣传使得当地公众接受了核电站项目；风险感知度较高的业主们，因未能与当地政府和核电方达成共识，以及对环评结果的不信任等直接造成风险沟通的失败。风险感知的加剧与风险沟通的无效使得公众的风险应对行为从"默许—支持/适应"发展为"防护—动员"。

表3 风险应对行为转化的中阶模式因素对比

	红石顶核电站项目	
受众特征	当地村民	Y度假区反核业主
选址历程	选址前	选址前
风险感知	低	高
风险沟通	有效	无效
风险应对行为	默许—支持/适应	防护—动员

（3）高阶的行为转化模式：从"防护—动员"到"防护—抗议"

在这一转化模式中，风险沟通的失败直接造成了公众行为的激化。在红石顶核电站项目中，尽管Y度假区反核业主具有较高的风险感知，但是当地政府与核电方基于业主们的意见压力，通过采取协商座谈会、重新进行环评等程序进行风险沟通，虽然未能达成共识，但在一定程度上缓解了沟通渠道的阻塞。同时开放的上行沟通渠道，使得反核业主们的声音能够上传至中央部委，这些举措极大地缓解了高风险感知者风险行为的转化，最后表现为小规模的社会动员。而在连云港"反核废料"事件中，自媒体引导式宣传、沉默的核电方及地方政府滞后的反应使得风险沟通的渠道完全阻塞，引发市民的抗争性聚集，使得公众的风险应对行为从"防护—动员"发展为"防护—抗议"。

表4 风险应对行为转化的高阶模式因素对比

	红石顶核电站项目	连云港"反核废料"事件
受众特征	Y度假区反核业主	连云港市民
选址历程	选址前	选址前
风险感知	高	高（+）
风险沟通	适度有效	无效（-）
风险应对行为	防护—动员	防护—抗议

注："+"表示程度有所增加，"-"表示程度有所降低。

六、结论与政策启示

环境风险设施或项目选址地公众的行为会随情景变化而呈现不同的应对反应，以往研究往往将其简单地归为"支持"或"反对"，忽略了风险行为的复杂性与动态性。在当今网络信息时代，由于信息渠道多样化、公众的信息需求复杂化、信息内容多元化，导致公众风险感知和风险行为决策也出现了不确定性和难以预测性的特征，因而加大了政府风险治理的难度。公众的风险应对行为不仅仅来自风险设施本身带来的属性与功能（如效益与风险的权衡），或者基于政府的政治权威，更重要的是取决于其特定情境下，核心利益者对项目的风险感知与风险沟通效果的互动过程。本文选取中国情境下三个典型核设施案例，借鉴风险的社会放大理论与防护行为决策模型，建构了环境风险应对行为的整合性框架，基于风险感知与风险沟通两维交互影响，分别形成了"默许—支持""默许—适应""防护—动员""防护—抗议"四种不同的风险应对行为类型，并揭示四种行为转化的趋势，为决策者精准识别公众风险应对行为的差异性及运行逻辑提供了理论依据，同时本文也提出了一些具有建设性的政策启发：

（1）追溯选址地公众的风险信念来源，甄别不同利益主体的诉求。因治理观念及治理惯性等原因，当前地方政府的治理思路中，对于社会公众提出的各种诉求，在地方政府能够处理和解决的问题有限的情况下，最省事的办法就是将政治的、权利的或道义的诉求都打包归结为经济诉求，用经济补偿来化解矛盾冲突，即通常所说的"花钱买平安"和"人民内部的矛盾用人民币解决"。经济利益的补偿，可以化解环境风险冲突中的局部矛盾，但一定不是全部。红石顶核电站项目最后因Y度假区业主的反对而被撤销，表明其环境情感需求超越了经济需求。追溯环境风险项目选址地公众的风险信念来源，甄别不同群体的利益诉求，有利于精准识别公众的差异化诉求。例如，S村村民的物质利益诉求和Y度假区业主的环保情感诉求，对风险治理都具有重要启示。今后环境风险项目的选址建设可能依旧会面临潜在的社会动员和社会冲突，政策制定者应充分意识到不同公众对风险项目建设关注的分散性，需要实现从单纯的经济利益补偿到环境情感治理思路并轨的转换，要超越科学数据和成本效益分析，将环保情感注入治理思路中。

（2）环境风险设施的全过程管理及风险沟通的持续性。有证据表明，政府的权威性使得政府被认为是一个可信任的信息来源，但大多数受访者对核安全知之甚少，或不知情，表明政府及具有专业资格的项目管理方与公众之间仍存在沟通方面的鸿沟。① 环境风险设施具有不确定性与复杂性特征,要取得公众的接受与信任,必须设置透明公开的程序、有效的公众参与等全过程管理。海阳核电站项目从选址前期到建设过程中公众风险应对行为的转变表明,环境风险项目管理一旦确定选址,风险管理与风险沟通并不意味着可以搁置。村民对在建核电站的不满情绪,表明环境风险项目选址建设需要一个持续不断的过程管理。在英国,新建核项目的备选厂址往往倾向于已有建设地区。然而,中国一些地区的情况却与此相反,江苏连云港的核循环项目并没有因已有核电站(田湾核电站)而被当地市民接受,反而爆发了大规模的反核废料游行示威活动,迫使当地政府宣布停止核循环项目。一位参加示威游行的女士说道:"连云港之前就有一个核电站了。当时连云港人就是说,没有这种意识去抵制,那现在有了这个意识,我觉得还是进步了一些,为我们的子孙后代着想。"说明当地政府及核企业在既有核项目风险管理与风险沟通中的失败,尤其当前核事故风险及核废料的处理仍是世界技术难题的情况下,公众并不能从心理上坦然接受类似核电站等具有较大不确定性的环境风险项目。因而,环境风险设施的管理并不能止于选址前的技术宣传与沟通,必须将其视为具有持续性风险管理与风险沟通的过程,尤其是必须做到与公众真诚有效的沟通,才会让公众理性权衡项目带来的风险与收益,进而作出理智的判断。

(3) 政治压力在推进环境风险项目选址建设中的作用趋于变弱,政府信任在风险沟通中越来越发挥着重要作用。进入 21 世纪后,随着中产阶级规模与群体的增大,基于政治压力下推进的环境风险项目遭遇越来越大的阻力。因此,在建设具有环境风险的项目中,培养公民的政府信任成为风险设施项目的重要推手,这种信任的培养可以通过公众参与、积极有效的沟通等方式来实现。同时发现,在中国情境下,当地方政府与公众出现沟通阻滞时,来自中央上级的政治压力会作为突破口打破僵局,从而化解风险应对行为的高阶转化,避免事态的恶化。

值得注意的是,本文基于风险感知与风险沟通两个维度,建构了环境风险应对行为整体性框架,结合三个典型的核项目案例,提炼出四种风险应对行为类型,但这仅仅提供了一种可能的分析思路,这四种分类是否包括所有情形,还需要更多的经验事实予以支撑与验证。同时,对于风险感知与风险沟通在影响风险应对行为的选择时是否存在先后顺序,也需要学术界进一步探索。

---

① Wu, Yican, Public Acceptance of Constructing Coastal/Inland Nuclear Power Plants in Post-Fukushima China, *Energy Policy*, Vol. 101, 2017, pp. 484-491.

社会风险与治理

越轨非营利团体的内部治理结构研究*

〔美〕大卫·霍顿·史密斯（David Horton Smith） 著　王仙菊 译**

摘　要：越轨非营利团体具有特殊的价值观和意识形态，因此易受到外部抵制或反对。面对这种抵制，越轨非营利团体形成了独特的内部结构：一是团体规则和规范，越轨非营利团体通常有不同于传统社会的特殊规则和规范，团体成员遵守并执行它们；二是社会约束和关联，越轨非营利团体强调内部关系，促进团体内部的利他主义；三是团体内部地位和声誉，越轨非营利团体内部有不同的地位层级和等级制度，区分新旧成员，有特定的内部声望标准；四是团体亚文化，越轨非营利团体促使内部成员遵循独特的生活方式、特殊仪式和符号并追求团体一致性；五是领地、福利和财政来源，越轨非营利团体通常在特定区域活动，团体有一定福利，也会寻求资助和资源；六是在领导结构上，有特殊的领导类型和领导推选方式。

关键词：越轨非营利团体；内部结构；治理；研究假设

越轨非营利团体（Deviant Nonprofit Groups，DNGs）的特殊价值观和意识形态使其更容易受到外部的压制或破坏。对这种外部抵制力量的恐惧通常会促使越轨非营利团体形成某些独特结构。例如，越轨非营利团体通常希望与传统社会保持明显的疏离而处于秘密状态。可以肯定的是，这种疏离在当今自由民兵组织的秘密活动中是存在的，在吉姆·琼斯（Jim Jones）带领约一千名人民圣殿教教徒前往圭亚那的行动中达到顶峰。事实上，像女巫集会和犯罪青年团伙这样的越轨非营利团体（如果有）极少会被列入当地电话簿中，而传统教会和男孩俱乐部通常会被列入其

---

* 本文译自 *A Review of Deviant Nonprofit Groups: Seeking Method in Their Alleged "Madness-Treason-Immorality"*，Brill，2019。

** 大卫·霍顿·史密斯（David Horton Smith），美国波士顿学院荣休教授，主要研究领域：志愿学、非营利组织。王仙菊，华东政法大学外语学院翻译专业硕士研究生。

中，后两者更为常见。这种对外部的恐惧也导致几乎所有的越轨非营利团体都接受内部晋升而来的领导人，而非那些从其他非营利团体或商界、政界等处引荐的团体领导人。大多数越轨非营利团体的结构形式并不正式，尤其是那些非法人组织、非正式小型团体以及基层社团（如新教/邪教、某些仇恨团体、犯罪青年团伙和异装癖俱乐部）。本文将越轨非营利团体的结构区分为六个方面：团体规则和规范，社会约束和关联，团体内部地位和声誉，团体亚文化，团体领地、福利和财政，以及领导结构。

一、团体规则和规范

"规则"（以及更广义的"规范"）是非营利团体（包括越轨非营利团体）的成员应当遵守的行为标准。这些规则可能是对团体中某个特定角色（如财务主管）的一系列期望，也可能是对所有充当团体成员角色的人（即所有成员）的普遍期望。在正式的越轨非营利团体中，某些规范比较明确，它们被特意制定出来，要求人们遵守。如果这些规则正式存在，那么它们常会被写进团体章程中。团体制定规则通常是为了实现团体一致同意的共同目标。

假设1 越轨非营利团体通常有自己的特殊规则和规范，并且往往不同于规模更大的传统社会。根据定义，每个越轨非营利团体都至少有一项这样的团体规范，且几乎所有越轨非营利团体都有多项这样的规范。这些规范使越轨非营利团体被定义为一种独立团体和社会实体。偏离这些内部规范可称为"内部越轨"，区别于此的是"外部越轨"，后者是指偏离外部传统社会规范。越轨团体通常会继续遵循外部传统社会的某些规范，很少有完全不遵循的情况。越轨非营利团体领导人如果持有极端主义思想，会比该团体的既有规则更能导致广泛的内部冲突，致使派系主义出现、大规模成员出走，有时甚至会导致越轨非营利团体解散。

不同越轨非营利团体的内部规范在数量和强度上存在差异。在更正式的越轨团体中，通常有更多的规范。越轨现象减轻的团体比持续性越轨和加剧性越轨的团体有更少的此类规范。大多数越轨非营利团体都有一个共同的规范，就是不得批评现任最高领导人（一位或两位）。

假设2 越轨非营利团体的规则和规范通常由团体领导和成员执行，类似于传统社会中所执行的法律和规范。在领导人和大多数成员看来，内部越轨是对团体的存在、价值以及其虚构的现实的挑战。越轨非营利团体通常会迅速而彻底地处理这些挑战，以避免越轨非营利团体整套规范和信仰的瓦解。越轨非营利团体成员未受到质疑的内部越轨行为很容易通过该成员本身或越轨非营利团体中别的成员影响到其他人。越正式的越轨非营利团体,其规则/规范的执行在总体上就越严格,因为它们更加重视规则/规范。越轨现象越严重的越轨非营利团体,其规则/规范的执行通常也越严格,因为如果成员不遵循内部规范,这些团体就会承担更大的风险和损失。因此,有些越轨非营利团体对规则/规范的执行非常严格(如恐怖主义和革命性越轨非营利团体、二战期间地下反纳粹团体、政变团体、大屠杀/大规模自杀团体、邪教和异教组织),而另一些越轨非营利团体对内部越轨行为比较纵容(如"飞车党"、犯罪青年团伙、世俗公社/意识社区和异常者团体)。越轨现象减轻的团体不像持续性越轨和加剧性越轨的团体那样严格执行规则和规范,因为前者越轨程度较小并且它们希望能融入传统社会。

假设 3　越轨非营利团体的成员对关键的内部规则和规范的服从程度和顺应程度在增高。对违反越轨非营利团体内部规则/规范的制裁通常是实质性的。然而,团体的领导人(如果有)通常不会(至少仅部分)受到越轨非营利团体规则/规范的约束,如大卫·考雷什(David Koresh)。[①] 越轨非营利团体的成员和领导通常愿意使用非法手段惩罚违反团体规范的行为。不愿遵守关键规则/规范的成员通常必须离开越轨非营利团体。成员的高度服从/顺应也源于他们普遍信任团体目标、不想让其他成员失望、期望团体有持续的社会和经济利益、畏惧社会控制机构、缺乏其他归宿,以及对团体领导人(如果有)的畏惧和尊重。

二、社会约束和关联

假设 4　在可行的范围内,越轨非营利团体倾向于强调成员和领导人之间广泛的个人接触和面对面的交流。与所有团体类似,越轨非营利团体具有这样的一种沟通模式,即允许通过与其他成员的少量沟通联系到任何其他团体成员。但越轨非营利团体往往倾向于远超定义中的这种最低限度。此外,越轨非营利团体的内部沟通促进了团体寻求的密切人际关系。

二战期间地下反纳粹团体的内部沟通最少,过度的沟通(或当处于纳粹盖世太保的监视下时有足够多的沟通)可能会对整个越轨非营利团体及其成员造成致命伤害。然而,大多数越轨非营利团体往往规模较小且会定期会面,会面是为了以批准

---

①　Marc Breault and Martin King, *Inside the Cult: A Member's Chilling, Exclusive Account of Madness and Depravity in David Koresh's Compound*, Signet, 1993.

的方式实现团体目标，会面的频率通常是适当的（至少每周或每月）。即使是在规模更大更正式的越轨非营利团体中，也有大量的面对面交流，尽管平均而言要少于正式程度较低的越轨非营利团体。此外，越轨非营利团体普遍发展广泛的内部个人沟通，试图通过高度虚构的现实、完善的规范结构和密切的人际关系来维持更严重的越轨行为。越轨现象减轻的越轨非营利团体通常将成员会议（至少每周一次）作为他们的核心活动。

假设 5 越轨非营利团体的成员倾向于对其他成员表现出显著且自发的利他主义，如表现出善意。各种团体（包括非营利团体）时常强调要友好对待其他团体成员以促进团体承诺，并且在自愿型非营利团体（如大多数越轨非营利团体）中，成员愿意为团体目标工作并遵守团体规则和规范。这种普遍重视内部利他主义和友好的现象支持了前文的假设4，但态度—情感的关注点有所不同。

有趣的是，即使在暴力型和看似暴力的越轨非营利团体（这些团体对多数甚至所有非团体成员都是敌对的）中，内部利他主义也很普遍。甚至在大屠杀/大规模自杀团体中，这种内部利他主义也很常见，如人民圣殿教和"天堂之门"中出现的现象。①

假设 6 越轨非营利团体的成员经常根据他们自己的意识形态和价值观将自发的利他主义表现为对社会乃至全人类的善意。然而，这里的关键词是"根据他们自己的意识形态和价值观"。越轨非营利团体对这种外部利他主义的看法，可能不像一般自愿利他主义者对待社会或其他范围中的普通公民那样。举一个极端的例子，根据希特勒及其纳粹党的意识形态，监禁和/或处决犹太人被视为有利于全人类种族（尤其是雅利安人种），他们以此清除犹太人以及他们觉得基因低劣的不受欢迎的种群。这种对外部利他主义的反常观念是纳粹党虚构现实的组成部分，同样地，也通常是许多其他越轨非营利团体虚构现实的组成部分。

对于某些暴力型且通常带来危害的越轨非营利团体以及某些特殊的越轨非营利团体而言，其外部利他主义更容易被察觉，并且对社会的普通公民更具说服力。例如，二战期间地下反纳粹团体成员的潜在外部利他主义更容易被察觉，如对法国的支持，尽管仍有许多法国人与占领法国的纳粹军队合作。总而言之，即便是恐怖组织、革命团体、游击队、政变团体、义务警卫队、民兵/生存者/准军事团体以及（越轨）政党往往也有利己的意识形态，表明了越轨的政治抵抗和解放型团体的目的是通过消除整个社会政治制度和/或重大政变来使整个国家受益。如前所述，富

---

① Benjamin E. Zeller, *Heaven's Gate: America's UFO Religion*, New York University Press, 2014.

有想象力的人类极其擅长创造意识形态和寻找能够证明几乎所有看似有害的（甚至是真正有害的）活动的价值观。

鉴于前面的例子说明了某些越轨非营利团体的意识形态似乎能够合理证明其对社会的严重暴力和对数千或数百万人的伤害，那么毒害或暴力程度较小的越轨非营利团体也有辩护其越轨行为的意识形态就不足为奇了。

假设7　越轨非营利团体在某种程度上显然是试图疏离传统社会并保持其秘密性，至少在最初阶段如此。它们通常拒绝传统社会（至少部分或某些方面上），并且几乎总表现出某种明显的拒绝态度，时常用负面绰号和贬义词来描述传统社会。越轨团体的这种疏离和保密行为自然是源于其偏离了基本道德。保护隐私甚至保密是很常见的，尤其是在允许非团体成员加入并参与越轨活动的情况下。甚至越轨现象减轻的团体在某种程度上也遵循这种模式，它们通常只使用名而不用姓来称呼成员，以此实现匿名目的。① 此外，即使是希望成员众多的越轨非营利团体也通常想要明显地疏离社会和保守成员秘密（如某些邪教组织、仇恨团体、革命团体、游击队团体、某些异教组织和多数社会运动型团体）。由于更正式的越轨非营利团体能够更好地控制成员，因此它们可以更好地保持其秘密性和隔离性，尽管它们广泛的活动会对此产生阻力。越轨现象更严重的越轨非营利团体倾向于寻求和保持更多的保密性和隔离性，否则会造成更多损失（相对于政府社会控制机构而言会承担更多风险），它们感到与强烈贬低它们的传统社会更加疏远。

三、团体内部地位和声誉

假设8　越轨非营利团体的成员通常至少有两种不同地位（角色被定义的特定社会地位），这些地位有一定等级之分。至少领导人和追随者之间有某种非正式区分。通常有一个明确的领导人，不管是选举出的、任命的还是紧急出现的。短期的越轨非营利团体（流动失业工人群体、贫民区流浪汉群体和某些义务警卫队）不太可能形成领导人—追随者以外的地位模式。更正式复杂的越轨非营利团体根据定义具有更多的不同地位和更复杂的等级，尤其是复杂的越轨组织或机构，一个定义能对应三个或以上的等级地位。

假设9　大多数越轨非营利团体具有不同的成员等级，尤其会区分新成员/试

---

① Allen R. Maxwell, Kadayan Personal Names and Naming, in Elisabeth Tooker (ed.), *Naming Systems*: *1980 Proceedings of the American Ethnological Society*, American Ethnological Society, 1984, pp. 25-39.

用成员与长期成员/已接受成员。在非正式团体中，这种成员社会身份的区分通常是非正式的，但在团体中依然是重要的。然而，在正式的越轨非营利团体中，这种区分通常极为重要，而大多数越轨非营利团体都是如此。越轨非营利团体中的成员身份具有重要的社会意义、情感意义和现实意义。因此，长期的成员身份通常被视为这个人值得信赖以及他充分了解越轨非营利团体思想、规范和活动的重要依据。值得信赖和熟悉团体在越轨非营利团体中十分重要，因为越轨非营利团体较更传统的非营利团体而言几乎总是有更多的内部秘密和需要掩饰的越轨现象。

在短期的非正式越轨非营利团体中，松散的组织不太可能区分新成员。在更正式的越轨非营利团体中（这种越轨非营利团体最常见），可能会采用正式的方式区分新成员身份。[1]

假设10 在越轨非营利团体中，声望的取得标准通常与传统社会的标准不同。这些标准一般包括加入越轨非营利团体的时长、对团体价值观和信仰的忠诚和顺从、团体领导能力以及引入新成员或其他资源的情况。声望的取得标准在更正式的越轨非营利团体中可能差异更大，更正式的越轨非营利团体中存在更复杂的可替代性规范结构和虚构现实（对越轨非营利团体及其角色的扭曲解释）。越轨现象减轻的团体，其声望取得标准不同于主流社会，但与持续性越轨团体和加剧性越轨团体相比，三者的声望取得标准差异较小。越偏离传统社会规范—习惯—法律的越轨非营利团体，其声望的取得标准就越可能与传统社会的标准不同（因为越轨现象更严重的团体中，通常存在高度虚构的现实和可替代性规范结构）。

四、团体亚文化

假设11 越轨非营利团体的成员往往倾向于遵循独特的生活方式，即便他们没有在一起生活。越轨非营利团体通常会规定成员在一起以及不在一起生活的方式。这种对生活方式的规定，或者说是一种生活方式上的指导，贯彻着越轨非营利团体的价值观、规范和意识形态。这种生活方式指导/规范佐证了越轨非营利团体通常是一种对时间和精力都要求甚高的团体，如前文所述。常见的越轨非营利团体的生活方式要素主要包括：

（a）对团体外部保密：不对外人——非团体成员透露某人的越轨非营利团体成员身份及团体情况（如恐怖组织等）。

---

[1] Fred Ilfeld and Roger Lauer, *Social Nudism in America*, College and University Press, 1964.

（b）团体内部休闲社交：以允许的方式在批准的地点与自己的越轨非营利团体成员或类似的越轨非营利团体成员开展休闲活动（如夜店、无政府主义团体、犯罪青年团伙和贫民区流浪汉群体等）。

（c）住所邻近：彼此住所邻近或住在一起（如公社/意识社区等）。

假设 12 越轨非营利团体通常会要求成员举行仪式，无论这些团体是不是宗教性质的。仪式是领导人和/或成员举行的象征性公开表演，借此强调越轨非营利团体本身、其成员、价值观和活动的重要性。一种常见的越轨非营利团体仪式是新成员的加入仪式。庆祝新成员的加入不仅确认了越轨非营利团体本身的重要性，还确认了新成员维护团体和/或使团体发展的重要性。另一种仪式是为成员的过世举办的（无论多么简单）。某些越轨非营利团体有出生、结婚和/或生日仪式。此外，还有庆祝越轨非营利团体越轨行为达成的胜利仪式。

假设 13 越轨非营利团体经常创造特殊符号，特别是主要或仅对成员而言具有特殊含义的词语，通常还创造特殊的图像或有象征意义的物件。资深的越轨非营利团体成员通常知道并可以正确使用所有的特殊词语或声音符号。这些特殊符号强调了越轨非营利团体及其成员相对于社会其他人而言具有独立性、特殊性和重要性。如果团体规模大或分布分散，或者同类的越轨非营利团体共享这些符号，那么特殊的越轨非营利团体符号也可以用作识别标志。越轨非营利团体的正式会员通常还知道、认识并可以正确使用越轨非营利团体的符号图像、物件以及身体姿势、手势和动作。

越轨现象减轻的团体的成员，如嗜酒者互诚协会的成员通过在公共场合使用特殊标语如"比尔·W的朋友"（friend of Bill W）、"人物、地点和事情"（people, places and things）、"清醒有好处"（good sobriety）、"珍惜每一天"（one day at a time）之类的特殊短语来认出彼此。二战期间地下反纳粹团体成员小心翼翼地保护识别标志和仪式，以实现在公共场所的相认。

假设 14 越轨非营利团体经常压制成员的个性和特殊利益，以实现团体统一和整体服从，强调越轨非营利团体的集体需求大于个人的自私需求。在许多团体中，成员的个人欲望与团体的集体需求（团体领导人在团体意识形态中点出）常常存在基本冲突。然而，有时这些个人欲望是很正常的，并且很难被压抑，即使该成员是忠诚于越轨非营利团体的。这种个人欲望可能代表传统社会中大多数人可能有或确实有的偏好。然而，越轨非营利团体可能会要求成员和领导人放弃这些共同的偏好，如 ISKCON 成员食肉的愿望以及"大卫支派"成员希望有室内厕所的想法。

五、团体领地、福利和财政

假设 15　越轨非营利团体通常有特定的领地并在领地内搭建设施和进行活动,大多数越轨非营利团体只在当地活动。越轨非营利团体的领导人和成员往往会在领地内感到舒服,越轨非营利团体会对其他人(尤其是类似团体)"主张其领地",例如,主张对纽约某个街区"主权"的犯罪青年团伙"罪恶领主"(the Vice Lords)、马萨诸塞州(原殖民地)莱克星顿市的民兵组织和后来的革命性团体等。

越轨非营利团体越正式,就越可能拥有大片的"领地"。越轨非营利团体变大和变正式的方式之一就是扩张"领地"。如果是自愿加入型的越轨非营利团体,其越轨现象越严重,"领地"通常就越小,因为越轨现象越严重的越轨非营利团体更难招募成员,因此更难扩张"领地"。越轨现象减轻的越轨非营利团体通常与当地分支机构(如 AA 团体)协商,以扩大其领地至全国范围,尽管这些越轨非营利团体最初发源于局部地区。作为超局域母组织的分支,除了从核心团体接收宣传资料、定期向母组织缴纳/捐赠以及向后者和更大会议汇报以外,当地的越轨非营利团体几乎是独立运作的。

假设 16　越轨非营利团体很少向其成员正式提供医疗保健和社会福利,除非是群居或者公社类团体。当越轨非营利团体的主要活动是休闲娱乐(几乎总是如此)或是兼职工作时,往往不存在这些福利,如果有,也往往不是正式的(明确保证的)。然而,在任何一种运作的越轨非营利团体中,其成员往往能够呼吁其他成员(尤其是朋友关系)提供非正式的疾病或社会福利方面的特殊帮助。

更正式的越轨非营利团体更有可能为成员的健康和/或社会福利需求作出正式规定,因为它们倾向于作出正式的行为。当越轨非营利团体的越轨现象加重时,该组织提供健康或社会福利的可能性更高。之所以出现这种情况,是因为越轨现象严重的越轨非营利团体往往更孤立于传统社会,如果成员需要,该团体必须提供这样的需求。此外,这种内部规定降低了被非团体成员发现的风险。

假设 17　无论越轨非营利团体的规模如何,它们往往需要并为自身寻求一些资金和/或有价值的资源/资产。所有现代国家都以货币经济为基础,因此物物交换只适度发生于提供食品、服装、电器、设备、家具、载具等中。仅有少数类型的越轨非营利团体,尤其是一些乡村公社,能够并且确实提供了足够的食物给他们的成员。在大多数情况下,越轨非营利团体的越轨行为常需要使用器具,并且需要钱来购买它们。很少有越轨非营利团体可以利用关联组织的可用资源,常见例子如政变团体，该团体通常有多名现任政府官员。

为了能按照内部标准正常运作，持续性越轨团体通常需要补给和资金。短期的团体（如某些义务警卫队）需要很少的资金或资产，但这很少见。

除了极少数例外，越轨非营利团体倾向于通过其成员有效地工作来获取资金，成员通常是在经济社会里兼职或全职工作——极少数是在群居性的越轨非营利团体内有效地工作。大多数越轨非营利团体寻求捐款或向会员收费以支持它们的资金需求。

六、团体的领导结构

假设18 如果某个越轨非营利团体有明确的最高领导人，该领导人往往会激励成员忠于领导人并一心一意地服务于团体。明确的高级领导层通常出现在复杂的组织中，以及史密斯、罗伯特·A. 斯特宾斯（Robert A. Stebbins）和迈克尔·A. 多福（Michael A. Dover）定义的正式团体或组织中，包括大多数越轨非营利团体。[1] 最高领导人常会试图让成员和其他领导人感到自己是重要的、被需要的、不可或缺的，就好像他们真正属于越轨非营利团体并且深受越轨非营利团体重视。最高领导人通常也会用越轨非营利团体的影响力和运作状况来评价自己，因此有利于越轨非营利团体的就有利于领导人，反之亦然。如果越轨非营利团体最高领导人具有超凡的个人魅力（风度翩翩、令人兴奋、有吸引力），那么这种奉献精神的激励最为有效。

由于某些越轨非营利团体没有明确的高层领导人，此处的假设最适用于已经形成组织的越轨非营利团体，尤其是对于那些复杂的越轨非营利团体来说。该假设也最能解释加剧性越轨的团体的情况，其次是持续性越轨的团体，最后是越轨现象减轻的团体。随着越轨非营利团体越轨程度的加重，该命题更能成立，因为此时的越轨非营利团体更需要一位最高领导人作为"避雷针"来消除传统社会对其真实或想象的诘难的影响。

假设19 杰出而富有魅力的领导人可以极大地帮助到越轨非营利团体，但这有好有坏，通常也有明显的缺陷：领导人在位时，他们常会发展团体、举办活动并获得成就，但是他们一旦死亡或离开，有时便很难有人替代他们。由于缺乏合适的

---

[1] David Horton Smith, Robert A. Stebbins and Michael A. Dover, *A Dictionary of Nonprofit Terms and Concepts*, Indiana University Press, 2006.

继位人，越轨团体可能会无法运作下去，如奥奈达团契。正如马克斯·韦伯（Max Weber）指出的，人格魅力的常规化很难实现。[①] 魅力型越轨非营利团体领导人也更容易实行专制和独裁，从成员的角度看，这可能会导致极端主义或腐败，从外人角度看更是如此，如1933年前的希特勒和德国纳粹党。

更正式的越轨非营利团体更容易出现魅力型领导人引发的问题，但作为非营利团体的一种，越轨非营利团体比其他非营利团体更容易受到魅力型领导人问题的影响。鉴于领导结构发展水平较低，越轨现象减轻的团体几乎没有这样的问题。越轨非营利团体的越轨现象越严重，面临的此类问题就越严峻，因为其领导人扮演的角色更为重要。

邪教和异教组织中的疯狂但有魅力的高层领导人也会造成大量人员死亡和其他的人财损失，这些邪教和异教组织有时会发展成为世界范围的宗教性非营利团体并发展出分支。在另一本书中，基于越轨非营利团体魅力型高层领导人的行为，史密斯呈现了宗教的黑暗面，具体如下所述（此处引用已获作者和出版商许可）：

> 宗教战争可以追溯到千年以前，自然包括基督教"十字军东征"和罗马天主教会的中世纪宗教裁判，彼时谋杀了数万名所谓的异教徒。尤尔根斯迈耶（Juergensmeyer）、基茨（Kitts）和杰瑞森（Jerryson）于2015年编辑的手册涵盖了某些历史久远的宗教暴力案例以及近期熟悉的案例，并对宗教暴力何时发生、为何发生的重要细节进行了适当分析。幸运的是，平克（Pinker）于2012年用数千年和近几个世纪的全球定量数据证实了人类暴力特别是集体暴力一直在减少，包括宗教暴力。
>
> 尽管如此，仍然存在并会长期存在绝对宗教暴力，特别是考虑到大多数世界性宗教声称的平和与善意时。很显然，反对暴力（包括宗教暴力）的神学和道德禁令并未能阻止全球如此多的此类行为/事件。阿姆斯特朗（Armstrong）于2014年探讨了3000—5000年前最初以勇士为基础的暴力宗教如何转变为我们如今所知的、大不相同的、以平和/善良为基础的世界性宗教，并认为，宗教与暴力的联系来源于这样的事实，即人类尤其是男性往往具有攻击性和暴力倾向，而非宗教的本质使然。此处无法用长篇幅回顾过去百年间发生的一系列甚至是重大的宗教暴力事件，提及以下案例就已足矣：1939—1945年针对欧洲犹太人的纳粹大屠杀、巴尔干半岛所谓的带有宗教成分的种族清洗以及涉及宗教和种族因素的非洲种族灭绝事件。

[①] Alan Bryman, *Charisma and Leadership in Organizations*, Sage, 1992.

假设 20 在团体有明确的领导结构并且当发生领导人让位时，新的最高领导人通常是从越轨非营利团体内部推举出来，而非从外部引荐。熟悉特定的越轨非营利团体及其历史、熟悉其关键的特定成员以及获得团体成员和前（正式或非正式）领导人的信任是至关重要的。外人——非团体成员，甚至被提名的新领导人是类似越轨者或来自类似越轨非营利团体，通常也会因为潜在的不信任和/或不了解该团体及其历史、关键成员和前领导人的重要事实而遭到抵制。

越轨非营利团体成员和中层领导人通常不认为传统的外人——非团体成员适合担任越轨非营利团体的高层领导。在短期的非正式越轨非营利团体（如义务警卫队）中，最有可能接受外人——非团体成员为领导人，这些团体的领导层更具情势要求性和临时性并且这些团体边界在任何情况下都是最具渗透性的。随着越轨非营利团体越轨程度的加重，该命题更能成立，相应地，团体最高领导人的重要性和团体相对于传统社会的保密性的重要程度也在增加。

为特大城市社会风险治理和国家安全学科建设提供基础知识服务

居德华[*]

摘　要：为应对新时代社会风险和安全治理的新挑战，需要有多领域跨学科的协同合作，提出具有整体和综合性的解决方案，这是一项知识高密集的任务。本文从信息技术的视角探讨如何能采用最新的数字孪生技术，为社会安全工程建设提供更好的基础性知识服务和智力驱动引擎，以有效整合和复用这一领域的研究成果。为说明方法的可行性，作者结合"特大城市社会风险系统治理"研究课题的综合调研成果，完成了一个新颖的知识库原型，并使用该方法分析了当前国内关注的国家安全学学科设置问题。

关键词：社会风险治理；国家安全学；数字孪生；知识服务；知联网

一、一份调研报告的出发点

习近平同志在党的十九大报告中围绕建设平安中国、加强和创新社会治理作出了一系列重要部署，提出了许多重要举措。其中一项重要任务，是加强和创新社会治理，维护社会和谐稳定。把平安中国建设放在重要的位置上，强调发展是硬道理、稳定也是硬道理。

新时代需要有新思想和新方法指导社会治理创新，通过努力研究社会治理形势的新变化和出现的新问题，积极应对新挑战。为树立总体国家安全观，需要整体性

---

[*] 居德华，华东理工大学商学院教授、博士生导师，主要研究领域：软件工程方法学、互联网+应用、数字孪生、知识服务、知联网。

思维，而新时代公共安全体系和治理能力建设，也更应体现和突出这一整体性和综合性，需要有多领域和跨专业的协同合作。

从国家安全学一级学科建设的角度看，国家安全学是一门多学科交叉的领域，只有协同创新才能完整提升。而社会公共安全问题的解决，包含丰富的知识内涵，也需要从不同视角探索研究更全面的解决方案，而丰富实践经验的累积和大量研究成果的存在，正到了今天需要认真进行总结和归纳的时刻，以便最大限度集成智力资源，完备我们的公共安全体系，提升我们的治理能力。

作为一名信息技术工作者，除了要把好信息安全关，笔者还想结合自身特点，从信息技术视角，对特大城市社会风险治理和当今特别关注的国家安全学科建设问题，探索可面向数字时代特征的新解决方案和可行途径，因为现在信息技术已成为解决问题绕不开的重要工具和手段。另外，近年来，笔者开始关注如何利用如今数字转型时代的新机遇，借用互联网的连接性，为总结现有安全知识成果和挖掘新安全知识，整合多学科的安全视角和知识资源，探索用未来的知联网和知识云服务手段，帮助实现安全教育和提升安全治理能力。本文是对笔者前期已做过的一些研究工作的简要总结。

作为研究起步，笔者结合问题目标，特别是华东理工大学社会与公共管理学院的一项重点研究课题"特大城市社会风险系统治理"，从信息技术支持角度完成了一份270多页的综述调查研究报告，同时也完成了一个对应的原型知识资源库的建设，可方便帮助读者存取相关的研究成果，并以此说明如何利用数字手段为社会安全治理提供基础支持服务，实现相关知识的汇总和资源链接。

《特大城市社会风险治理研究》是笔者结合自身学习情况所写的一篇文献调查研究报告，紧密结合中国当前的实践，以问题为导向，研究需要解决的问题，探索可能解决的途径和方法，尽管自己的偏重点是在技术方面，但力求把正路线方向，理清重要的观点、思路和策略，从知识服务角度，做好知识分析。

成文提交的研究报告共分八大部分：

第一部分从社会风险理论出发，紧密结合中国国情，分析讨论了当前转型期的各类风险，突出社会风险的不确定性，提出用新思想指导和创新社会治理，打造共建共治共享的社会治理格局，坚持以人民为中心和安全为中心的社会治理，开辟中国社会风险治理新路径和总结"中国经验"，并以此作为指导探索可能解决的途径和方法的纲领。

第二部分紧密结合上海本地实践，研讨特大城市的社会风险治理，首先借鉴和对比了国际特大城市的社会风险防范经验，并根据习近平总书记关于上海社会治理要走新路和有新作为的要求，重点分析讨论如何实现社会治理模式及机制重建，完成政府管理体制创新和职能转变，确保特大城市的社会稳定，聚焦特大城市的精细化管理。

在明确了问题目标和解决的指导思想后，纲举目张，转向调查问题解决方法，但限于精力，只选择了笔者关注的重大问题和兴趣较大的新兴技术，应当说，报告后六个部分都属于高技术性和具有可应用实践性。

其一，关系社会生命线的关键基础设施保护，这一领域国内外研究成果非常多，我们收集汇总了有关的技术出版物，讨论了关键基础设施的评估和保护计划，特别是关键信息基础设施以及现今更加关注的工控系统和工业互联网的安全性。

其二，智慧城市建设是现今各地城镇化建设的一个热点追逐目标，但智慧城市也存在重要安全问题，为此报告设专节研讨了智慧城市的安全与治理课题，包括智慧城市的安全框架。同时，智慧城市也是推进城市治理现代化的重要手段，为此报告也讨论了智慧城市治理的新模式和智慧城市解决方案。

其三，新媒体时代社交媒体的流行与普及，带来了重要的安全与风险问题，也是网络时代无法回避的重要研究课题，为此报告设专节分析讨论了网络治理和社交媒体治理问题，特别是讨论了如何实施网络执政和舆情风险管控的途径与方法；同时，社交媒体也是一把双刃剑，可将其作为社会治理工具，用于应急管理中。

其四，提出了自适应城市的理念，即将城市和社会视为一个复杂适应系统（CAS），可通过自适应复用和提高自适应能力，推动特色城市化发展，体现城市规划的新理性主义和韧性城市设计原则，报告也介绍和推荐了一些具体技术，如城市的参数化设计方法和ICLEI五个里程碑式的框架等。

其五，报告专列了"数字孪生城市"一节。数字孪生技术是工业4.0时代的一项核心技术，已被著名研究咨询公司高德纳（Gartner）连续三年（2017—2019）推荐为十大战略性技术趋势之一，[①] 而数字孪生理念用于城市发展则是最近的研究热点，作为智慧城市建设的新参考模式，新加坡在该领域处于领先地位，通过对城市的三维建模和仿真指导城市的建设和发展，数字孪生技术也已被国外用在保护城市安全中。报告报道了国内的研究动态和进展，以及笔者提出的对数字孪生技术的应用拓宽。

其六，提出了平安城市解决方案，包括平安城市框架和指标体系，特别是华为

---

① Kasey Panetta, Gartner's Top 10 Strategic Technology Trends for 2019, on https://www.gartner.com/smarterwithgartner/gartner-top-10-strategic-technology-trends-for-2019/, visited on 2019-06-15.

提出的技术领先的平安城市解决方案和协作式公共安全。应当指出,现在中国在平安城市解决方案方面已处于领先地位,以华为为例,已成功部署在90多个国家和地区的230个城市,覆盖近10亿人口。

在调查报告的编写中,我们力求收集与问题相关的重要内容和做法,但没有求全也难以求全。尽管如此,由于已存在够多的研究成果,报告270多页的超长篇幅也让笔者大吃一惊,这可能也是客观实际现状的反映。虽然这些努力收集的内容,或许会有一定的参考价值,但限于篇幅,均无法详细展开,让有兴趣者仍会有意犹未尽的感觉,尽管我们都列出了详细的参考文献。

在研究解决问题时,我们也常遇到类似困惑,既想力求资料收集俱全,又希望精干不致迷失在文海中,为此我们在研究中尝试探索一种新方法,为安全工作者构建一类更方便使用的新型知识库,这引发和催生我们下一节将要叙述的,就是利用数字时代的新理念和方法,为社会公共安全知识构建一个更形象的"数字孪生"。

二、为社会公共安全知识构建数字孪生

数字孪生技术,即为物理世界对象在虚拟世界构建一个仿真对照物,被认为是工业4.0时代的一项战略性技术。在工业和城市应用中,这涉及两项关键技术:一是为对象数字建模,以能仿真地反映实体所具有的功能和行为;二是通过物联网收集和传送实体的相关数据和信息,从而便于计算机处理,实现自动化和智能化。

从资产管理的角度回观知识与文化领域,可以发现人类经过几千年的发展,已经积累了极其丰富的知识/文化遗产,如何能有效地利用这些宝贵的资产,充分发挥其潜在价值,已成为一个十分重要的研究课题,这其中也包括我们感兴趣的安全领域知识。

按笔者理解,数字孪生的价值就在于能为原先非智能的物理世界有目的地引入数据—信息—知识—智慧(DIKW)内容层面,从而方便融入信息技术,为数字转型时代构建出更多智能产品和智慧工厂。基于这一视角,我们再回头来看文化与知识领域的许多产品和服务本身,原先就自然地隐含着丰富的 DIKW 内容层面,数字出版业的蓬勃发展更提供了许多有利的基础支撑条件,关键是如何能通过有效地组织,将它们显式地展示出来,从而创造出更多有价值的智慧文化和知识产品,并通过互联网实现大规模快速的传播。因此,从某种意义上讲,在文化和知识领域应用数字孪生技术要比在工业领域更加简单和方便,开发成本更低。

基于这一思路，经过多年的摸索，我们已经为知识/文化产品如何构建数字孪生提出了一个可行方法，其中知识的数字建模采用谷歌提出的知识图谱方法，它能用来表现对象的语义，又能反映知识的关联性，谷歌用它来支持智能搜索，近年更成为人工智能的一个基石，用于发现和挖掘新知识。这里我们采用一个逆向思维策略，即将知识图谱用于现成知识的组织或总结，用更精炼的方式表达关于待解决问题的可复用专家知识，因为在当今，如何能充分整合资源发挥现有知识的潜在价值，与发现新知识一样具有很高的应用价值，而且也正是当下需要和可以马上实施的行动。

为说明这一方法的可行和价值，我们为调研报告构建了一个数字孪生原型，由于无法使用物联网，我们借用了4.0时代万物联网（Internet of Everything）的理念，并采用"知联网"（Internet of Knowledge，IoK）技术，[①] 以实现与知识资源的自然连接。

知识图谱的优点是其概念的高度抽象性、良好的结构化，便于理解和扩展，借助引入领域本体（专业术语），可灵活应用于各种场合。对使用者而言，相当于一张知识地图或图标菜单，能借助简单浏览导航，迅速发现自己的兴趣点，获取想要的知识或文化资源。

知识图谱的优点还在于其极度的灵活性和可扩展性，一旦知识组织框架形成，不仅包括横向的扩展，诸如新知识点及新思路、方法和技术，可以源源不断地随时加进来，同时也能支持纵向的深化求精，将知识点分解到很细的地步，便于应用于具体场合。这真实地反映了知识可不断演化的特征。对跨领域的知识交叉，也不再隔行如隔山，因为对知联网仅是简单连接，即可方便实现跨领域转移。

以我们的调研报告数字孪生原型为例，它不再是洋洋大观的长文报告，而是一个很容易理解的图文索引，像拿到一份容易浏览的知识地图，帮您很快找到自己的兴趣点，只需一个简单点击，就可读到想看的资源。因此，这也相当于为公共安全治理构建了一个新型知识库，它不同于简单的资料库或数据库，而是按知识内在语义联系组织的资源库，不仅能帮您找到所要的，还能告诉您还有哪些该注意的相关方面，这类似于谷歌的智慧搜索。这类新型知识库，可帮助安全工作者通过简单导览，迅速找到自己感兴趣的可参考解决方案和思路，并提示可能需要关注的相关方面。

---

① Dehua Ju and Beijun Shen, Internet of Knowledge Plus Knowledge Cloud Service—A Future Education Ecosystem, *IERI Procedia*, Vol. 2, 2012, pp. 331-336.

这类资源库的最大优点就是可以简单地不断进行扩充，实现领域知识资源的最大集成。将这一资源库放到互联网的云平台上，就可实现所谓的知识云服务，发挥整合资源的高共享优势。

不仅共享，您的知识资源组织框架是否合理、是否存在缺漏点，一放到网上就会接受公开、广泛的检验、评审，以实现不断完善改进，而新的更好的资源，也会不断被公众推荐进来，实现真正的共享共建共治。对某一没有说透的知识点，志愿者还可为它构建一个新的数字孪生，通过例化，将它更完善地展现出来，而不同的志愿者也很容易在知识图谱上发现自己对口的专长贡献点，实现未来的群体共创，而这类共创支持，不需要复杂的软件接口，只需简单的网络连接就可实现。

采用知联网技术的另一个潜在优点是，它不要求完全拥有资源，具体资源可分布实现在不同地方，因此也可避免遇到知识产权问题。理想上讲，一个完全不掌握资源的知识服务方，只靠推介链接，也照样可完成有价值的知识服务，而资源拥有者是否需要对内容服务收费，完全可由用户方自行考虑决定，而区块链技术的出现，可完全支持这类价值服务的网上微交易。

公共安全治理能力的提升，是一个极其复杂的社会技术系统课题，需要有多领域专业人员的协同参与，只有通过综合的知识应用才能提供更理想和合用的解决方案，这不仅包括社会科学也覆盖工程技术，而这类连接和融合需要有新的方法，本文建议的数字孪生技术和原型建设正是朝这一方向的一个有益探索，让各种合力有机会汇聚在一条道上。

再联系到与笔者所调研的课题密切相关的当前国内研究热点——国家安全学学科建设，由于均涉及对领域知识体系的认定问题，也促使我们尝试对建议方法进行扩展应用。

三、对国家安全学学科设置的讨论

为深入贯彻党的十九大精神和习近平总书记提出的总体国家安全观，教育部于2018年印发了《关于加强大中小学国家安全教育的实施意见》，明确提出推动国家安全学学科建设，设立国家安全学一级学科。因此，如何合理和科学设置国家安全学学科成为近期研讨的一个热点，但专家们各抒己见，尚未能形成一个统一的框架。

笔者认为，任一专业领域的知识体系发展都存在内在客观的自然规律，因此通过分析归纳现有研究成果，采用基于分类学和本体论的方法，也是一个具有参考价值的研究途径。为此，笔者也采用知识图谱方法，尝试为国家安全学构建一个数字孪生学科原型，目前已完成初步采集，共连接该领域已有的出版物1407种，其归类标题和出版物种数如表1所示，结果恰好对应了不同专家观点的一个混合方案，既反映了专家们脑海中已有的隐性知识，也包罗了总体国家安全观的实际应用需要和价值，我们仅在此抛砖引玉，希望可引发领域专家们的研究兴趣，通过再努力，共同把这一学科的知识体系科学和完整地挖掘出来。

表1

标题	出版物（种）
国家安全战略学	53
国家安全学	33
中国国家安全	38
比较国家安全	11
国家安全管理	52
国家安全法学	32
非传统安全	23
政治安全	42
经济安全	52
资源安全	41
文化安全	30
国土安全	32
军事安全	35
国际安全	54
外交学	120
社会安全	40
生态安全	21
科技安全	21
核安全	23
信息安全*	438
国家情报学	54
警察学	40
反恐研究	122

注：*"信息安全"标题下包含以下子标题：信息安全管理实践、数据安全、数字取证技术、访问控制、密码学、业务连续性管理、事故管理、安全意识和培训、网络和通信安全、信息安全风险管理、战略安全管理、系统和应用安全、物联网安全、规章和标准符合、安全架构与模型、信息对抗与攻防技术。

科学和合理地设置安全学科，既要遵循知识客观的内在规律，又必须紧密结合应用实践需要，才能保持生命力和持久价值，所以笔者更偏向结合当前要面对和解决的问题，理清已积累的相关知识，让对应的知识体系显性化，能为大家所用，这自然需要领域工作者的共同努力。作为信息技术工作者，我们愿意帮助提供工具和服务，让有用的数据和信息，都转化成有用的知识和智慧。从上面的初步收集也可看出，国家安全学由于其现实的重要性，大量的研究和实践已让其成为一个丰厚的知识宝库，而我们刚完成的初步调研和资源库原型，也仅是沧海一粟，要把这一资源宝库完全展现出来，还需要各领域专家的共同努力。

再从我们建设社会公共安全能力的角度看，培养大量安全人才和加强安全意识教育都是不可或缺的重要一环，而我们提议的网络化安全知识资源库建设，也将会有重大支持和服务价值，这也是笔者以本文和相关原型工作，作积极建议和推荐的原因，希望能引起相关部门和业界的注意和支持。

正如习近平总书记所言，"当前我国国家安全内涵和外延比历史上任何时候都要丰富，时空领域比历史上任何时候都要宽广，内外因素比历史上任何时候都要复杂"[①]，研究国家和社会公共安全大有可为，让我们共同努力。

---

① 2014年4月15日，习近平总书记在十八届中央国家安全委员会第一次会议上的讲话。资料来源：http://www.xinhuanet.com/politics/xxjxs/2019-04/15/c_1124367882.htm，2019年6月15日访问。

当代中国医患冲突预警机制的困境与对策

——基于多方主体的分析

赖 天*

摘 要：本文依托多中心治理理论，从"负和博弈"的视角对医患冲突的概念、成因及其影响展开分析，试图指出当前我国医患冲突预警机制之缺失，据此提出构建及完善多方主体共同参与的医患冲突预警机制之必要性。故此本文从政府部门、医方、患方及第三方四大主体的医患冲突预警管理现状出发，结合我国固有的医疗纠纷管理模式，对各类主体面临的困境加以分析，由此得出当下出现医患困局并非是单一主体的过错和责任所致，而是因为多方主体在构建完善医患冲突预警机制时均出现疏失。对此，应通过深入推进"医改"、加强相关预警监督、明确医患彼此权责、优化第三方调解机制以及管控网络媒体等一系列举措来构筑并优化多方主体共同参与的医患冲突预警机制。

关键词：医患冲突；预警机制；多方主体

一、引言

20世纪90年代末以来，伴随着改革开放向纵深拓展，我国正面临前所未有的大变革、大转型。在这一现代化的进程中，各传统行业领域进行了结构化、体制化的调整，与此同时，"转型期的阵痛"也接踵而至。在这一大背景下，传统的以"救死扶伤"为己任的医院迫于生存压力而追随市场化潮流，医患间的纠纷冲突也

---

* 赖天，华东政法大学政治学与公共管理学院硕士研究生，主要研究领域：公共安全管理。

随之愈演愈烈，其中的恶性冲突事件日益成为社会各界关注的对象。在骇人听闻的"温岭杀医"事件爆发后，2013年10月28日，中国医师协会、中华医学会、中国医院协会以及中国卫生法学会发表联合声明，呼吁医疗卫生行业集体行动起来，对"医疗暴力实行零容忍"。事实上，任何历史时期都无法避免医患矛盾，但在当下医患冲突呈现复杂化、多元化的趋势：由偶发性向常态化演变；由单纯的发泄性动机转变为目的性赔偿；由个体出面发展为群体性冲突；更有甚者，将简单的医疗民事纠纷刻意"闹大"为恶意伤害他人的刑事案件、由患方独立维权变为雇用职业"医闹"介入等。

二、相关研究回顾

长期以来关于医患问题的研究学说、方法、视角等层出不穷。例如，以郑大喜为代表的学者着重从政治经济学的视角来解析医方的行为角色和相应的控制策略；[1] 以柏涌海等为代表的学者则从心理学的视角来构建医患纠纷预警机制；[2] 另有学者基于系统论[3]、博弈论[4]等视角来完善相关预警机制的设计，并指出医患关系的核心在于信任；此外，以郭永松为代表的学者开展了对于医患纠纷处理方式的比较研究，力主向发达国家借鉴成功应对该类纠纷的经验，并酌情适用于我国。[5] 医患间的沟通存在话语的竞合，在新媒体崛起的大环境下这一问题更为突出。[6] 对此，部分学者试图从医学伦理教育的检视与重构出发来寻求解决之道，并指出当下的"医患困境"折射出"医学伦理教育在育人与形塑社会教育功能上存在双重阙失"[7]。

学者的探索发掘为我们认识、处理医患冲突问题提供了或理论、或实践的依据；描绘出或定量、或定性的方法，从而呈现出一种"多点开花"的趋势。但不可

---

[1] 郑大喜：《医生的行为角色及其控制策略——基于经济学的分析》，载《中国医疗保险》2010年第6期。
[2] 柏涌海、严文沛、王沛等：《心理学视角下构建医患纠纷预警机制》，载《解放军医院管理杂志》2015年第5期。
[3] 黄照权、蒋同明、农圣：《基于系统论的医疗纠纷预警系统设计》，载《兰州大学学报（社会科学版）》2013年第2期。
[4] 康益龙、王杉：《医患关系的博弈分析》，载《医学与哲学（人文社会医学版）》2006年第9期。
[5] 郭永松、吴水珍、张良吉等：《医患纠纷处理方式比较研究》，载《卫生经济研究》2009年第2期。
[6] 吴洪斌：《医患沟通与话语竞合：新媒体环境下医患关系的话语沟通》，载《山东社会科学》2017年第12期。
[7] 王超：《"医患冲突"背景下医学伦理教育的检视与重构》，载《伦理学研究》2018年第1期。

否认，基于医患冲突预警的研究仍存在疏漏，特别是基于公共管理角度、法律规制角度、预警协同角度等相关研究均显不足，且该领域的研究者大部分具有医学背景，在研究的理念上偏重实践性的冲突化解和技术操作，而基于理论层面的研究则相对较少，存在忽视与管理学、政治学、法学等相关专业领域互动的现象，其实证调查也相对粗疏而缺乏深入，凡此种种应当在日后的学术研究中加以关注并改进。

三、理论基础

20世纪70年代，多中心治理理论由奥斯特罗姆夫妇（Elinor and Vincent Ostrom）提出，它发端于自主治理并与传统的单一权威中心理念形成鲜明对比，指出了一种在政府及市场外通过自主组织来参与治理公共事务的情形，该理论创始者认为这一环节是"极为必要"的。[1] 多中心治理的初衷在于依靠社会中多元治理主体（政府、企业、公民组织、公民个人等）间的共存以及在一定集体行动规范下的相互竞争、协商等行为来构建协同性的公共事务管理秩序并提供更为优质的公共服务，反对单一主体因权力过大而产生"越界"，导致其对社会治理的部分权力形成垄断。该理论有助于调动更为丰富的社会资源且降低所需的治理成本，其对于各中心间的协同合作有所涉及，并在对各主体自身的利益均有所考量的前提下允许不同利益主体之间的相互博弈。就本文所探究的医患冲突而言，社会公众对于医疗设施、医疗效果及服务态度等的要求日益提高且趋于多元，仅依靠医院自身的力量显然力有未逮。故医患冲突的多中心治理首要便在于向各类主体放权并鼓励其平等参与其中，从而分担医院所受的压力并在各主体间形成良性互动。此外，诸多主体需要在医患纠纷中彰显自身的参与权与话语权，而不仅仅只是"走过场"，一些治理主体无法充分履行自身在处理类似纠纷中的职责很大程度上与其被排斥在该类事件之外有关。与传统的维稳式治理理念不同，多中心治理理论的核心理念涵盖了"共同参与""风险共担"以及"利益共享"等，这便决定了其必然主张由多个权力中心来共同承担管理社会公共事务的职能。

---

[1] Elinor Ostrom, Polycentric Systems for Coping with Collective Action and Global Environmental Change, *Global Environmental Change*, Vol. 20, No. 4, 2010, pp. 550-557.

四、研究方法

本文借助于问卷调研与实地访谈相结合的方式来进行所需资料的采集,并从"负和博弈"的角度出发,通过运用多中心治理理论来阐述当下完善医患冲突预警机制的必要性与可行性。由此可得出结论,即健全的多方主体共同参与的医患冲突预警机制是有效预防和控制医患冲突的有力保障。

(一)问卷调研

由于本文研究之目的在于探究我国医患冲突预警机制所面临的困境与相关的应对之道,故而在问卷的设计环节中便对此有所考量。本次问卷调研于 2019 年 1 月初开展,以线上平台及线下亲朋社群等渠道投放,最终回收问卷共计 308 份,其中有效问卷 297 份,无效问卷 11 份,有效问卷约占总体投放量的 96.4%。首先,从填写者的地域分布来看,本次所回收的有效问卷基本覆盖国内各大省份,且各省份的受访者数量总体趋于均衡,从而使本次调研的结果具有一定代表性(如图 1)。其次,鉴于我国的医患问题涉及各年龄段群体,考虑到部分年龄较大的填写者可能存在文字阅读或理解层面的困难,故本次问卷题项主要采取选择题的形式且题干语句较为通俗简练。另外,从本文所研究的主题出发,问卷填写者大致覆盖社会各个领域及阶层,如政府组织、企业单位及非营利组织等,通过这一方式来满足本文研究所需的"多方主体"这一条件,目的在于依托来自各类社会主体的受访者对医患

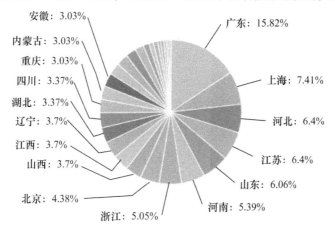

图 1 有效问卷各省份分布一览

问题作出相关反馈，从而对当下我国面临的医患困境形成一定的了解。

（二）实地访谈

本研究试图将问卷调研所得信息与现实中一线工作者的具体管理实践相结合，目的在于实现研究资料来源的多样化和客观化。受限于研究时间与研究规模，本文在此选取了上海市徐汇区医调办作为实地调研的单位，并以其中数位一线工作者作为访谈的对象。本次结构式访谈以面对面谈话形式进行，并在受访者同意的前提下对大部分访谈内容以笔记形式予以记录。

五、医患冲突的概念、溯源及影响

（一）医患冲突的概念

医患冲突是指医患双方从各自的利益出发，对医疗过程中某些行为、态度、方法及后果等存在认识、理解层面的分歧，导致侵犯对方合法权益的行为。医患冲突大致分为可化解型医患冲突、不可化解型医患冲突、医疗危机事件等。医患冲突与医患纠纷存在显著差异，二者不可混淆：医患纠纷是指医患双方发生的矛盾，是不可避免的现象，而医患冲突则可以通过预警管理加以防范；医患纠纷不断加剧、激化而导致医患冲突，即二者的矛盾程度不同，后者更甚于前者，例如，患者家属超过20人，或需要出动警力维持秩序等情形方可称为医患冲突。

（二）医患冲突的溯源

医患冲突产生之缘由素来众说纷纭，本文将医患冲突的产生根源归为四大因素，即政府部门因素（如医疗改革与相关政策制定等）、医方因素（医院和医务工作者）、患方因素（患方自身与雇用"医闹"现象）及第三方因素（包括第三方调解组织与网络媒体等）。

客观地说，医患冲突的责任主体是多方的，若仅仅将其归咎于医方或患方难免有失偏颇，也无济于事。只有明确各方主体自身的权利义务，以及构建行之有效的多方主体共同参与的医患冲突预警机制，即落实"源头控制"，方能将医疗纠纷引发的恶性冲突事件消解于萌芽状态。

(三) 医患冲突的影响

医患冲突的社会影响极为恶劣,当医患纠纷积累到一定程度,便会由"量变引发质变",从而酿成医患冲突。而医患冲突若不及时加以控制,便会进一步恶化为医患性群体性事件(如聚众抗议、聚众寻衅及威胁医务人员等)并直接引发恶性伤人、杀人以及毁坏公共财物等严重后果。该类冲突对于医方的损害有时远超患方,因而不少医院及相关医务工作者对此畏之如虎,设法使自身免于深陷医患纠纷之泥沼。这使得传统的"救死扶伤"的医学神圣感逐渐被磨灭,而保守中庸的"防御性诊断"大行其道,"不求有功,但求无过",规避医疗风险,避免承担医疗责任,这客观上导致了"大处方""过度医疗"等不良作风的蔓延。医方试图展现出一种"尽心尽责"的表象,但医治费用的大幅上升以及过度检查和过度治疗使得患者不堪重负,也造成了极为严重的医疗资源的浪费,反而招致了来自患方更多的质疑与否定。

医患冲突甚至催生了"职业医闹"队伍的壮大。医患冲突的双方本应相互理解,同舟共济,彼此皆有合法的权利与义务,而剧烈冲突所招致的暴力流血事件则是一方对另一方合法权益的侵害。频繁发生的医患冲突招致别有用心的不法分子、社会闲散人员等恶意介入。他们往往教唆情绪激动的患者采用极端的"维权"手段,甚至亲自出面受雇于患方并直接导致了医患冲突的加剧,从而形成一种医患双方"两败俱伤"、唯其得利之局面。

(四)"负和博弈"与医患冲突

中国知网及其他相关参考资料显示,在过往学界关于医患冲突的研究中,基于博弈论视角展开的研究大多将其视为一种"非均衡的零和博弈",即二者间的博弈实质上是建立在极度不对等的信息权、话语权之上,且双方均存在各自的利益取向和价值偏好。在我国,医方的收入与患方的支出成正比,二者直接挂钩,博弈双方的收益和损失相加总和永远为零,即胜者通吃,败者一无所有,且双方不存在合作的可能。然而,诸多迹象表明,医患之间博弈的实质应当是一种"负和博弈",即医方与患方互相博弈、冲突的过程,其本质是一个"互相伤害"且最终"两败俱伤"的过程,其结果是双方均"所得小于所失"。如此一来,任何一方均为利益受损者，不存在实质上的胜利者，双方博弈的结果总和为负数。

医患之间诚可谓"合则两利，分则两害"，纵观近年来我国医患间的冲突不难发现，作为直接参与者的双方，医患彼此都有自身的苦衷与无奈。从医方视角来看，当前部分医务工作者的自身素养仍未完备，其道德品格、平等观念、法律意识、风险识别能力等皆有待提升，对于日常诊疗过程中的潜在风险未能做到见微知著，反而因"医疗父权主义"、相关信息资源垄断等不良行为进一步激化了潜在的医患风险，最终演变为医患冲突。从患方视角来看，其自身属于"弱势群体"，既不明确自身的权益所在，又对相关的医学知识一无所知，在意识到自身利益受损且无力（或寻不到合适途径）挽回的情况下往往因怒火攻心而采取不理智的行为。客观而言，医患"负和博弈"的根源常在于医患双方在医学素养上的非对称性，而这样的非对称性若不能破除，医患间博弈的现状便难终止。

六、医患冲突的预警机制

（一）医患冲突预警机制的内涵

医患冲突预警机制隶属于医疗风险管理，构建于医疗风险识别与评估的基础之上，是一种通过采取行动来避免或减少医患冲突的预警管理措施。该机制应涵盖医疗服务的全过程，运用于已知的可能会引发医患冲突的某些潜在或显现的征兆（具体冲突仍未爆发），并通过事先确立的相关预警指标体系，借助各类学科方法来对诸多冲突隐患予以全方位、动态化的监测和评估，最终基于分析预测的结果对风险事件发出警告，从而力求将医患矛盾终止于细微纠纷阶段。医患冲突预警机制应当注重实现以下目标：

1. 危机意识的培养

医患冲突的预警系统是否能成功运作，首要在于预警者是否具备充分的危机意识，即灵敏的危机判断能力，从而使其在医患间爆发纠纷的初始阶段便采取干预防范措施，以避免其进一步恶化为剧烈冲突。

2. 预警规章的完善

医患纠纷涉及的主体众多，其各自皆存在自身的权利与义务，若是对此加以一一明确则可实现"有理有据"及"责任到人"，避免出现相关管理人员"搭便车"的行为。

3. 组织架构的健全

危机预警组织成员需要具备相应的危机预警意识和危机应对能力，对于医患冲突的预警工作应将其视为一个整体加以开展，而相关预警组织体系必须严密、合理。当前我国诸多医院的管理模式仍以垂直式为主，但这类单一组织架构难以实现部门间的预警管理协同。危机管理是一种公关，需要全院各部门的共同参与，完善的危机预警组织体系必然包含规章制度、专业技术等多个层面。医方预警管理组织可由"紧急应对小组""危机处置小组"以及"持续监督小组"等共同构成，各小组的隶属成员应明确自身的任务及可能存在的危机，并努力实现各分组间信息资源的流通。重大医疗事故应在预警阶段迅速上报院高层领导，并由各分管领导第一时间采取紧急响应措施，确保后续危机应对措施的落地。

4. 信息资源管理的有序

医患冲突预警组织的信息资源传输网络需要保证足够畅通，各级预警部门的相关信息资源须长期互通，跨部门、跨层级的信息传递工作应井然有序。此外，预警工作者对于观测到的信息状况应保持较高的敏感度。

5. 预警工作的动态开放

医患冲突预警工作并非"万世不易"，而应当与时俱进，即能针对不同的外部环境及时有效地作出调整。社会的大环境不断改变，医学技术也有着日新月异的发展，医患冲突的预警者应不断提高危机意识，增强预警技能，并不断改进和提出更多有效的应对措施等。若不进行自我预警水平的提升，则无法紧跟时代而最终被大环境所淘汰。

（二）医患冲突预警机制完善的必要

应当肯定的是，我国现行的医患冲突预警机制相较于固有的医疗安全管理的"重应急，轻防治""兵来将挡，水来土掩"等，无疑具有应急关口前移的巨大优势，可以对医治过程中的诸多异常状况、医患之间存在的大小矛盾以及可能诱发的不良事件等进行预判和分析，并基于分析内容作出相应的警告，同时给予行之有效的解决方案。

然而，当前我国对于医患冲突预警机制的研究仍较为分散，且管理信息化程度有待提高。相对于发达国家而言，我国在预警信息的共享意识和对风险的预见性方面尚显薄弱，故而难以反映"以患者为中心"的理念。当前医患冲突预警体系亟须分级化，实现多层次、多源流管理，并按照医患冲突隐患的大小、处置的难易度等划分确立预警等级。此外，传统的以医方为主导力量的医患冲突预警机制的收效逊色于多元主体共同参与模式下的"合作式"医患冲突预警机制，后者的本质在于通过多主体、多部门、多领域间的"共建共管"来构筑预警关系网，以此来克服医患冲突爆发的原因日益复杂、主体日益多元且极具突发性、危害性等问题，从而达到较传统医患冲突预警更为高效、精准之目的。有鉴于此，本文立足于固有的医患冲突预警机制，尝试从多中心共同参与治理的理念出发，来寻求现行医患冲突预警机制的完善之道。

七、各主体面临的困境

（一）政府部门困境

在构建医患冲突预警机制的多方主体中，政府部门无疑占据了重要地位，其一举一动皆对于当下的医患关系形成深远的影响，其面临的困境主要有：

1. "医改"偏离初衷

"医改"后的卫生政策曾试图降低药品价格，提升医疗服务质量，然而药品价格降低效果不明显，而医疗服务费用却不断走高。此外，"医改"提出的不合理的管理体制与运行模式催生出政府对医疗卫生行业的投入严重不足且呈降低趋势。世界卫生组织认为，卫生总费用应占一国 GDP 的最低标准为 5%，而我国一度仅为 3.7%。[①] 在这一大环境下，公民个人的医疗负担无疑较重，对于一些较为贫困的社会弱势群体而言更是雪上加霜。须知医院作为国家或地方政府所属的公益性单位，其所需资金本该由国家政府财政拨款，然而近些年的统计数据显示，政府财政拨款的投入不到公立医院成本支出的 10%，而占绝大多数的 90% 的经费皆需医院自筹，这就迫使许多医院不得不"自谋生路"，尤以中小医院为最。医方若想在激烈的市场竞争中生存，就必然倚仗医疗服务来解决创收问题，于是"创收"成了医方的首要任务，医方的"医院中心主义"得到了进一步强化，以营利为导向也致使医患之间呈现出赤裸裸的纯粹利益交换关系，使得医方在背离公益性的道路上渐行渐远。有关"以药养医""以械养医""过度医疗""大处方""经济指标"等的新闻屡

[①] 金彩红：《中国医疗保障制度的收入再分配调节机制研究》，载《经济体制改革》2005 年第 6 期。

屡见诸报端，一度成为医方群体心照不宣的产物，更是遭到了广大患者群体的诟病。

2. 相关医疗政策的缺失

从政策上看，目前我国对于患方群体的分级分类医疗政策尚未完善，而家庭医生上门签约的机制也有待铺开。推动基层首诊政策仍然只是理论上的目标，出于自身利益维护的考量，大多数患者不分疾患轻重程度均习惯去公立医院尤其是大医院就诊，致使其人满为患，拥挤不堪；而中小型公立医院、私立医院则是门可罗雀，无人问津（见图2），在客观上也造成前者医疗服务质量的下降，并给医方的监管带来了更多挑战。

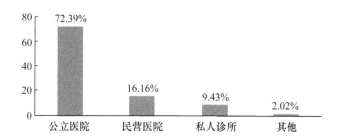

图 2　社会公众就诊偏好

资料来源：根据本次问卷调研整理而得。

（二）医方困境

相较于政府部门反映在政策制定和医疗监管等方面的问题，医方所面临的困境则更为复杂深刻，本文在此姑且将医方困境划分为"市场化"引发的困境、信息资源不对等引发的困境以及医疗资源分配不均引发的困境。

1. "市场化"引发的困境

"市场化"对于医方而言可谓是一柄"双刃剑"，它固然可以促进医疗市场的良性竞争、提升医疗服务供给能力、改善技术装备水平等，从而使患者受惠，但若误入歧途，则会造成医疗市场发生激烈竞争而使医方不堪重负。医疗服务行业介于自身营利与社会公益之间，虽迈向市场化，但始终无法做到如真正的企业那般以纯粹的营利为目的。同时，医方固有的性质与市场化趋向之间存在不兼容性，作为独特的主体，医方的价值取向决定了其难以实现真正市场化的运作，而自身负担的增加与政府拨款的减少驱使医方不得不"另辟蹊径"，也由此不可避免地与患者的利益产生了对立。如今一些中小型公立医院、私立医院等为了生存发展，在其内部制定出一系列量化的经济考核指标，如接诊成功率、住院率、患者单体消费等，并且以此为标准与医生护士的个人收入、职务晋升等事业待遇直接挂钩，更有甚者，一些医生若未能完成"业务绩效"将受到批评乃至处罚。毫无疑问，市场化浪潮下的医疗改革已然背离了其良好的初衷，成了"劣币驱逐良币"的助推器，即医方医德越差，其所得收入可能越高。

2. 信息资源不对等引发的困境

冲突的医患双方之间无疑存在极为严重的信息不对称现象，这既是客观上医方的专业性和权威性使然，更在于主观上由其人为造成的"信息隔离"。前者是不可避免的，也不构成医患冲突的主因，而后者则是医患纠纷乃至冲突产生之根源。"医学之父"希波克拉底（Hippocrates）曾言，语言、药物和手术刀为医者"三大法宝"，其中语言位列首位，其重要性不言自明。① 在医患纠纷发生初始乃至演化为恶性冲突事件的过程中，信息资源的不对称是贯穿始终的矛盾。医学是神圣而权威的学科，医务工作者是专业的技术人员，其工作具有独立性与特殊性，难以被替代与模仿，这便从客观上导致了医患双方的信息资源难以平衡，患者通常也对此报以理解。然而，医生往往因自身执业的环境以及沟通互动意识的缺乏，或是存有"权威心理"和"优势心理"，从而导致了主观上的人为"信息隔离"。医生本有责任和义务向前来求诊的患者提供其所需的病情信息、治疗方案、治疗技术以及相关费用等一系列信息，却时常对患者的询问表露出种种不屑与不耐烦，这便加剧了本就身染疾病的患者的忧虑和愤怒，信息资源的缺失使得患者在心理层面居于弱势，往往导致其通过暴力的方式来"捍卫弱者的信息权利"。医患之间的严重信息不对称使得本就在信息层掌握极大优势和较多资源的医方，往往通过种种人为手段扩大其固有的优势，以专业化、技术化的角度和语言迫使患方甘愿自掏腰包，为健康埋单。而患者本身在信息层面掌握的资源极度匮乏，又无法以自身的生命冒险，故而不得不"屈服"于医方的威权，由此产生的怀疑、不满、焦虑等负面情绪淤积于患者心中，成为患者反抗医方甚至进行暴力维权的导火索。一旦医治疗效达不到患方的预期，积压已久的矛盾便会在瞬间爆发，最终酿成一起起触目惊心的医患冲突事件。

3. 医疗资源分配不均引发的困境

医疗资源分配不均引发的困境亦是不容忽视的客观事实。仅仅就上海市而言，其先进的医疗技术吸引了来自全国各地的患者，也由此产生了大量的医患纠纷与冲

---

① 朱开梅：《医患沟通在防范和解决医疗纠纷中的作用》，载《医学与社会》2010年第10期。

突事件。徐汇区医调办工作人员称，其中约七成患者为非本地人，而医患纠纷也往往多发于他们和医方之间。"我国医疗资源分配不均是难以避免的，如此庞大的人口基数，将医疗资源平摊后每个人得到的就很少了。""公立医院整日人满为患，私立医院的病床位却大多闲置。"该工作人员如是说。

（三）患方困境

作为医患冲突双方的重要一员，患方在多方主体共同参与的医患冲突预警机制中是不容忽视的存在。一直以来，对于医患冲突预警机制的构建都着眼于医方的缺陷及应对，而往往忽视了患方，甚至将医患冲突的产生及扩大全盘归咎于医方。客观而言，患方所面临的困境同样复杂（见图3），在当前的患者群体中普遍存在因权利意识萌芽而产生的"过度维权"以及"理想与现实的巨大落差感"，兼之医方的迁就纵容、"医闹"团伙的推波助澜等，均构成了当下医患冲突的诱因。

选项	小计	比例
对医疗效果期望过高	104	70.75%
医学知识缺乏	95	64.63%
对医方不信任	86	58.5%
对看病难、看病贵有情绪	85	57.82%
对医方缺乏理解	84	57.14%
求医动机不良(索赔型)	70	47.62%
维权意识过于强烈	53	36.05%
本题有效填写人次	147	

图 3　患方面临困境一览

1. 患方自身因素

患方的"过度维权"以及"理想与现实的巨大落差感"是医患冲突预警机制中不容忽视的因素。伴随着时代演进和互联网的崛起，患者的权利意识不断觉醒，医患间的关系素来具有浓厚的"父权主义"色彩，医生这一职业具有天然的权威性与神圣性，而医学也同样是严肃性、科学性的代名词，这一现象的形成历经千年，"白衣天使"的角色可谓是根深蒂固。而传统的患方更多是一种"弱者"的形象，对于自身拥有的权利和义务不甚明了，故而对医方敬畏有加、言听计从。然而，随着现代科学技术的发展，患者的权利意识开始萌芽，对于传统医务工作者的优势权利观发起了挑战，却没有意识到自身已然"矫枉过正"，陷入了过度维权甚至暴力维权的境地。这一时期，患方基于网络搜索工具掌握到更多（或自以为掌握到更多）相关医疗信息资源，并以微博、微信、贴吧等开放性社交平台作为宣泄口，借助自身有限的医学知识对于医方的医疗技术、诊断报告、服务态度等各个层面加以质疑和批判。除此之外，患方的主观愿望更多的是追求一种理想化的结果，然而一旦理想与现实呈现出巨大落差，即现有医学的发展不能满足患方的实际需求，也无法超越既定历史时期的社会总体发展水平，暴露出其滞后性之时，患方往往难以接受现实的残酷，从而为医患冲突埋下伏笔。例如，国际上公认的医疗确诊率为70%、急症抢救成功率为75%的标准在许多患者看来是可以接受的，然而一旦失败的概率性事件降临在自己头上，则往往因情绪激动而导致医患间的纠纷或冲突。①

2. 医方客观因素

医方的迁就纵容普遍反映在当前的医患问题中。当下医方的主导地位和绝对优势被打破，甚至于在某些极端的恶性医患冲突事件中，医院只求"息事宁人""迅速摆平"，面对气势汹汹的"医闹"分子和病患一方，间或采取"花钱买平安"的退让做法。这类毫无底线的、"打不还手骂不还口"的态度，大大助长了患方的过度维权和暴力维权，既无益于医患冲突的根本解决，同时亦滋生了违法"医闹"团伙成长的土壤，而"信闹不信法"更是对于依法治国理念的亵渎。

3. "医闹"团伙的推波助澜

一直以来人们普遍认为患方属于个体，在同医方的博弈中必然处于劣势，因而往往为其贴上"受害者"的标签。若医患间发生冲突，患者实施"医闹"，不明真相的社会公众时常予以声援。事实上，"医闹"是基于暴力手段的对医疗资源的再分配，极易引发失控局面，并对和谐社会的建设造成极其恶劣的影响，而自诩"维权"的患方在这一刻也成了"违法者"和"破坏者"，甚至于从"受害者"摇身变为了"加害者"。

（四）第三方困境

本文将第三方所面临的困境划分为两个方面，其一为第三方调解机构面临的困境，其二为网络媒体面临的困境。

1. 第三方调解机构面临的困境

该类公益性组织虽然无法阻止医患纠纷的产生，但其中立性、公平性等特质使

---

① 尚鹤睿：《医患认知差异的因素分析与调适研究》，载《医学与哲学（人文社会医学版）》2008年第8期。

其对于医患冲突的预防和化解有着得天独厚的优势。因此，完善多方主体共同参与的医患冲突预警机制离不开第三方调解机构的加入（见图4）。

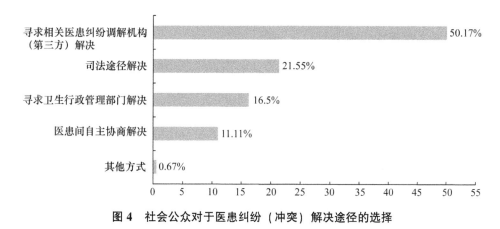

图 4　社会公众对于医患纠纷（冲突）解决途径的选择

目前，全国第三方医疗纠纷人民调解组织已经完成了对我国大部分县区的覆盖，但该类组织仍面临以下困境：

首先是对于医患双方教育工作的忽视。作为医患冲突的"缓冲器"，第三方调解机构不仅仅需要在公信力方面予以强化，在立场方面保持中立与客观，其更为重要的职责是填补医患间信息的巨大鸿沟、构建起双方平等互信的桥梁，达到同时保障医患双方权利之目的。当下，我国的第三方调解机构往往着重于矛盾冲突的化解而忽视了相关的教育工作。

其次是强制执行力缺乏。从第三方调解的法律效力层面看，医患双方达成的调解协议本身不具备如法院判决那般强制性执行的法律效力。故而即便是达成了调解协议的医患双方，在之后的履行过程中也往往出现阳奉阴违的现象。

再次是经费短缺问题。部分地区的第三方调解机构经费亦存在不足，甚至于被迫接受来自保险公司的资助，导致其中立性受到质疑，也在很大程度上制约其医疗责任评鉴机制的完善。据统计，仅有55.8%的地区明确表示了对医调委的经费予以财政保障支持，而25.6%的地区则完全没有规定，其余地区则是表述含糊，从中可见部分地区第三方调解机构运作的步履维艰。[①]

最后是当前我国第三方调解机构的人员构成和人才储备存在不足。如上海市徐汇区医调办工作人员所言，目前我国多地医调机构的调解员严重缺乏医学背景，且机构限于自身经费也无力聘请高素质的医学与法学专家。该工作人员还说："医学

---

① 白剑锋：《全国建立医调组织三千多个医疗纠纷调解成功率88%》，载《人民日报》2014年5月6日。

与法学都是专业性极高的学科,即便有人才同时精通两道,他还必须具备一定的沟通调解能力才行,许多地区的医调工作者原本都是负责居委工作的,她们擅长化解邻里纠纷而不是医患冲突。"

2. 网络媒体面临的困境

现阶段网络媒体逐渐成为构建医患冲突预警机制中的重要环节,其展现出的医患间"话语博弈"无疑是现实世界中医患矛盾的缩影。[①] 而当下的网络媒体在舆论的引导、管控等方面存在着诸多困境,在网络时代之前由于公众使用媒体的渠道比较单一,加之媒体自身的报道趋于正面,故而医患冲突的问题尚未浮出水面。而新媒体时代下"医强患弱"的格局在社会舆论层面发生改变,患方广泛利用微博、微信、贴吧等平台,甚至通过新闻媒体等途径向医方的权威发起了质疑,从而对当前的社会舆论管控提出了一系列挑战。

首先,部分网络媒体对于医患纠纷、冲突的报道存在过分夸大、失真的现象,导致社会公众对医者形象的评价往往呈负面,甚至于出现网络媒体与患方联合向医方施压的局面。

其次,部分网络媒体对于医患纠纷、冲突事件的报道存在明显的倾向性,往往表露出同情患方、质疑医方的感情色彩,且时常将个别医务工作者的失职渎职渲染扩大为整个医疗行业的共性行为,极大加剧了医患关系的紧张局面。

最后,新媒体时代的医方处于舆论的风口浪尖上,其话语表达往往势单力薄、极为被动。同时,由于自身医务工作的繁重等因素,医方往往忽视对网络媒体的利用,导致其在虚拟世界的话语权遭到大幅挤压。

八、各主体的完善之策

面对当下的医患冲突难题,建立健全相应的多方主体共同参与的预警机制已然刻不容缓。有鉴于前文所述,我国各地医患冲突的预警主体均面临不同程度的困境,现在此对政府部门、医方、患方及第三方四大预警管理主体加以分析,并尝试给出相应的完善之策。

---

① 吴洪斌:《医患沟通与话语竞合:新媒体环境下医患关系的话语沟通》,载《山东社会科学》2017 年第 12 期。

（一）政府部门完善之策

政府部门应当作为多方主体共同参与医患冲突预警机制的发起者和主导者。从政策大背景上看，只有改善整个医患关系的社会土壤，方能从根源上减少医疗纠纷事件的发生，并降低其演化为医患冲突的可能性。大致可从以下两方面入手：

1. 深化推进"医改"

政府部门应进一步深化"医改"，并针对当前医疗卫生行业现状和医患间关系等作出相应调整，实现查漏补缺，力求完善。目前，我国需进一步推广隶属于保险公司的全科医生体制及落实医疗强制险，再从医患间"负和博弈"的怪圈入手，探索与改革固有的医患间利益博弈之状况，建立健全更为合理的医疗考核制度。

2. 建立治疗分级收费制

政府部门建立治疗分级收费制度也应提上议事日程。从患者角度出发，让其根据自身经济实力作出治疗方案的选择，而不是被医方诱导接受昂贵的治疗方案。

3. 相关预警监督的完善

鉴于我国现有的医患冲突预警监督力度薄弱，许多医院医疗风险及医患冲突事件的上报依然存在拖延、欺瞒等现象，且全国性的监督力量并未到位。应广泛强化国家层面的医患冲突预警监督机制的建设，并加快相关政策的出台与实施，对于医疗风险强制上报政策需重点关注，同时竭力避免其过程中的"表面工程"和"形式主义"，应使医患冲突预警制度面向基层且落到实处。

（二）医方完善之策

医患冲突一旦爆发医方则首当其冲，故而针对医方的预警管理显得尤为重要。本文基于系统理论提出对医疗服务的各个环节、流程予以评估、控制，并对其中可能存在的风险与冲突发出警示，从而进一步完善医方预警管理体系并呼应前文提及的三大医方困境。

医方在医患冲突预警体系中应当把握系统性、全局性原则，具体步骤应落实为医患冲突风险评估、医患冲突预警及医患冲突干预三部分，且自患者步入医院起，至患者离开医院方才宣告预警流程的终止。其间应坚持整体性、系统性、层次性原则，不间断地对医患双方的动态予以评估和分析，精准制定每一项医疗服务的流程细节和相关的风险评价指标，并对患者的就诊动机、过程等进行大致的了解与诊后满意度评估，实现对不同的医患风险层级进行定义与划分（如红色、黄色、绿色三层次预警）。风险防范与监控应保持灵敏度与实时性，确保医疗风险与相关评估指标之间的紧密联系，充分发挥科室所属的医疗纠纷监督员与科主任在处置医患纠纷时的第一线作用。各科室的监督者应在第一时间发现医患间的纠纷苗头并采取紧急应对措施，在初步分析纠纷详情后应迅速告知负责的科主任及护士长等，后者接到报告后需及时、谨慎予以应对处理。此外，医方在完善其医患冲突预警机制的过程中应注重相关制度的规范性，以及采用数据信息的可靠性，需依据医疗风险数据库及科学的风险计算公式加以运算，力求得到较为精准的医患间冲突发生概率及可能造成损害的程度。以上海为例，区域性的医疗质量监控体系及不良事件网络上报系统已然生根发芽，且收效颇丰。随着医方信息化建设的迅速推进，诸如医院信息系统（HIS）、电子病历系统（EMR）等均为医患冲突预警管理提供了宝贵而精准的数据支撑，成为医方应对医患冲突的有力助手。

在系统理论看来，任何体系都不是固定的、静止的，而是动态的、优化的。宏观而言，"医患冲突预警机制"是一个与时俱进、不断开拓创新的概念，其构建离不开时代的演变与社会的发展，不同的历史时期调整优化医患冲突预警机制的方案和思路也应随之动态变化，可反映于因市场化、信息资源不对等及医疗资源分配不均所引发的医方困境中。

其一，医方需要明确界定自身的角色与相应的权责。一言以蔽之，医疗服务可以走向市场化，但医生永远不可能同商人画等号。医方可以通过市场化商品化来维持运转，但不可将医患间的角色简单异化为"卖方"与"买方"、"商家"与"顾客"。

其二，信息资源的不对等是医患间冲突的重要根源，折射出医患间信任的高度缺失。改善信息资源失衡本身并不是目的，如何从本质上化解社会的戾气，缓和医患间矛盾方为"治本之策"。值得欣喜的是，越来越多的有识之士对此予以关注并重视，例如，以"最美姿势"为9岁女童跪地进行手术的屈铁军医师，抱着小患者看卡通视频以此帮助其舒缓紧张情绪的石卓医师，以及主动在微博、博客等网络平台对于当下医患纠纷的热点以及民众关心的话题予以阐述和分析，以"医生哥波子"的形象受到社会公众欢迎的廖新波[①]。这些都表明，医患间的对立冲突并非不可调和，二者也并非无法沟通交流。医方群体以自身的实践，通过与患者面对面或

---

① 栾兆琳：《在私人港湾树立政府责任观——对话"医生哥波子"》，载《中国卫生》2007年第4期。

者借助于微博微信等媒介在很大程度上扭转了部分患者对其偏激、敌视的态度，也对当下社会舆论向患方"一边倒"的不良趋势作出平衡。

其三，针对医疗资源分配不均这一难题，医方应在具体的诊疗过程中作出相应的医疗资源倾斜以满足更多患者的需求。此外，应鼓励医生"多点执业"，以促进优秀医务工作者的流动及优势医疗资源的配置等。总之，医方唯有不断改进医患冲突预警管理的方式方法，倾听并尊重来自患者的合理诉求，积极主动地构建与患方沟通交流的桥梁，才能对防治医患冲突有所裨益。

（三）患方完善之策

作为医患冲突中的重要一方，患方在医患冲突预警机制中的"过度维权""理想与现实的巨大落差"以及"医闹"团伙非法介入三大问题应得到妥善应对。

1. 明确患方的权利义务边界

患方对于自身的权利义务边界应做到心中有数，人的欲望本是无穷无尽，但追求自身利益却应当具有底线，捍卫自身权益也同样需要边界和限度。一旦"越界"，那么再合理的诉求也将化为无理取闹，再合法的抗争也将被视作非法行为。

2. 倡导客观、审慎的治疗态度

患方需明确理想与现实之间必然存在差异。大体来讲，医疗纠纷可分为医疗事故型、医学困难型与疗效缓慢型三种形式，[①] 患者需在进行维权行动前对其概念加以明确，并基于自身诊疗的实际情况加以判断。若纠纷、冲突起因为后两种情形，则患方应当明晰其为医疗过程中不可避免的现象，非医方所能控制，应采取相对客观、审慎的态度加以看待。

3. 坚决抵制"医闹"行为

"医闹"团伙非法介入通常是医患间矛盾不断放大，并迅速形成剧烈冲突及对抗的"催化剂"，患者应对此非法团体加以警惕，切忌"借助外力，知法犯法"。"医闹"的滋生实质是医患双方博弈程度加深的产物，二者间的博弈固然无法避免，但也同样存在合作博弈与非合作博弈两种截然不同的选择。医患双方有着共同的敌人——疾病，这便是二者合作的基石；有着共同的需求——沟通，这便是二者合作的起点，因而应坚决抵制"医闹"的非法介入。

---

① 朱力、袁迎春：《现阶段我国医患矛盾的类型、特征与对策》，载《社会科学研究》2014年第6期。

(四) 第三方完善之策

针对前文所述的调解机构与网络媒体存在的预警管理困境,现分别提出相应的解决之策。

1. 第三方调解机构的完善途径

第三方调解机构因其具有与生俱来的中立性、可持续性、自愿性和专业性,外加其他医患冲突预警管理主体所不具备的独特优势,如斡旋稳健、政府后盾、部门独立、服务无偿,以及高效灵活、平等和谐等,同时因其力求做到"情理法"的兼顾而成为缓解医患间冲突、实现医患冲突预警管理的重要主体。本文试举上海市徐汇区医调办的工作为例,探讨第三方调解机构如何对自身困境加以解决,并积极参与到多方主体共建的医患冲突预警机制之中。

上海市徐汇区的三甲医院数量为上海市各区县之首(9所),徐汇区医调办平均每年受理的医患纠纷、冲突在470起左右,最多时可达530起,其总量约占上海市全市医患纠纷、冲突调解的1/5。对此,在"上海模式"的政策引领下,徐汇区医调办立足自身的实际情况,塑造并传达了"公平公正、及时便民"的服务宗旨。与此同时,该调解机构工作人员深谙人民调解的本质在于"短平快",而非一味执着于医患双方的"对抗性"。基于这一科学理念,该调解机构化解医患冲突的能力大为提升。对于第三方调解所面临的困境,徐汇区医调办采用了巧妙的对策——加以解决。

其一,针对医患双方教育工作的忽视,徐汇区医调办有着独特的应对措施。首先,通过对医管人员,特别是对于谋求职务晋升的医师进行医患关系的培训,力求通过教育与考核将医患冲突预警的工作前置,以"逢晋必训"的机制来贯彻将"医患冲突消灭于萌芽"的理念;其次,通过将巡回法庭及常驻法官内置于医调委中,为医患双方的交涉提供极大便利,在有效降低双方的时间成本的同时,通过法制宣传教育来使医患双方明确各自的权利义务。

其二,针对强制执行力的缺乏,据徐汇区医调办的工作人员透露,当前经由其制作的调解意见书一经医患双方签字确认便存在法律效力,且与当地法院的判决保持高度一致,具有极强的权威性。当地的公安部门也对第三方调解的工作予以大量协助配合,对于违法闹事的现象依法施行惩戒。该工作人员坦言,徐汇区医调办从刚开始成立时的无人问津,到如今备受医患双方的信任,并保持每年85%左右的调解成功率,与其自身工作机制的不断完善和相关部门的大力支持密不可分。

其三，针对经费短缺问题，徐汇区医调办表示因其设立时准备较为充分，且得到了社会各界的大力支持，因而在经费上相对充裕。但不可否认的是，全国存在相当数量的第三方调解机构为了筹措经费而丧失其独立性的情形，对此政府部门应加大投入力度，并号召第三方调解机构维持自身的中立本质。

其四，针对当前我国第三方调解机构的人员构成和人才储备方面的问题，据徐汇区医调办的工作人员透露，在践行医患冲突人民调解的过程中，徐汇区医调办意识到传统的医患冲突调解之所以缺乏公信力，很大程度上是由于医疗专业与法律专业本身极具特殊性与专业性，而传统的调解机构中又难寻同时精通医法两道的人才，因而在医患冲突调解工作中对专家咨询制度加以完善，并且其调解员也从非在职医务人员、退休法务工作者以及具备法学或医学本科以上学历的从业人员中加以招募，从根本上解决了固有的专家人手不足、权威人才难觅的大难题。据了解，当前上海市每年受理的医疗纠纷调解数目呈现出"稳中有降"的态势，且大多纠纷、冲突的主因皆为医患间的沟通问题。

当前"大闹大解决、小闹小解决、不闹不解决"的不良社会风气很大程度上已得到改善，但应当引起重视的是，医患双方立足第三方调解机构的博弈，或将产生对于司法权威的弱化。医患之间若一味强调"合意"，则难免偏离法治，这样的情形在第三方人民调解机构中时有发生，例如，医方若采取"以赔偿买平安"的做法，实则是对于相关医患冲突法律法规权威性的削弱，也助长了部分患方故意将轻微纠纷"闹大"的气焰，但一些第三方调解机构出于对"纠纷调解成功率"的追求，便极力促成这类行为。诚然，此做法对化解医患纠纷与冲突而言确有可取之处，但长此以往则不利于相关法律法规的推行，对此应当予以警惕。

2. 网络媒体的完善途径

网络媒体是社情民意的忠实见证者，也是社会舆论的引导者和管控者，当下涉及医患冲突的舆论困境亟须打破，而网络媒体对此责无旁贷。政府部门如能建立健全高效优质的医患冲突网络舆情监管机制，开展有针对性的、合情合理的"网络公关"，做到及时、高效地发现冲突隐患并积极引导舆论，则医患冲突的预警管理机制必然得以完善。

当下医患冲突的演化趋势背后往往是社情民意的反馈和舆论的导向，是广大网友的心声和呼声，而网络媒体作为社情民意和公众舆论的载体，肩负重任，若施以合法合理的管控、疏导等举措，则可实现医患冲突的"早期预警"，其主要完善之策包括：

其一，在网络媒体对于涉及医患问题的事件爆料中，应极力做到实事求是，不可出于博人眼球的目的而大肆渲染、夸大，哗众取宠。网络媒体固然是"自由之地"，但绝非"法外之地"，其应当对于所披露信息的真实性、可信性等承担相关责任，力求做到对于真相的客观还原。

其二，网络媒体发布涉及医患矛盾的相关信息时，应对消息来源、文章标题、词汇选择等加以斟酌鉴别，做到客观、均衡地报道，不应有明显的偏袒倾向。须知网络媒体不仅仅只是传播新闻的载体，同样也是社会风险管控的主体，其客观性、中立性很大程度上决定着虚拟世界舆情的走向。

其三，网络媒体对医患纠纷、冲突报道后造成的社会影响以及舆情走向应做好充分的事前评估，并在信息发布后予以实时监控。爆料中出现关于医患纠纷、冲突的言论时，监管部门不可一味"防堵"，如采取粗暴删帖、账号禁言等轻率的做法，而是应当在详加了解、考证言论发布的真实性与发布者自身动机后，依法作出明智的决策。值得一提的是，完善基于网络媒体的医患冲突预警机制并非政府部门的"专利"，不少地区的医院和医务工作者都以此来作为缓解医患纠纷、冲突的"前沿阵地"，可见医方已然把握住时代的发展脉络，明智地选择了依托互联网平台来治理医患矛盾的策略。传统的"医院中心主义"和"医学父权主义"正在逐渐向"双边互动、医患共赢"发展，患方的负面情绪得以被医方准确感知并预警，最终得以排解宣泄。许多医师和患者表示，类似微信、微博这样"接地气"的快捷沟通方式减小了医患间的距离感，不少医患之间也建立了深厚的友谊。

九、总结

预警管理毫无疑问是一项超前管理，亦是公认的"源头管理"，本文所探讨的多方主体共同参与的医患冲突预警机制，其核心在于多主体、多部门、多领域间的共商共建、共管共治。之所以采用多方主体视角，最直接的原因在于医患间冲突爆发的因素绝非单一，并且从一开始便具有突发性、复杂性及危害性等不良倾向，在其不断演化的过程中又呈现出动态性。故而单一的主体往往因人力、物力、财力等各方面要素的缺乏而难以处置医患纠纷预警信息，最终放任其转化为暴力冲突。有鉴于此，多方主体共同参与完善医患冲突预警机制的优势便得以显现：统筹配合、协同预警。这一机制下的各类主体，从以往的被动式、回应式的事后应对，转变为自发自主寻找各自领域内的疏漏和差错，并据此作出风险层次的估计和预警级别的判断，经过各自汇总分析后，将整理后的预警信息予以共享并公布。

综上所述，任何冲突危机的爆发均需要一个酝酿的过程，而绝非一蹴而就，也因此在其彻底爆发之前必然存在一个危机信号的释放过程，而这正是一个绝佳的预警信息搜集与分析的契机。若能善于观察，应对及时，处置得当，便可在很大程度上"转危为安"，甚至于"转危为机"。纵观多方主体共同参与完善医患冲突预警机制的进程，不难发现，医患间的矛盾远非想象中那样复杂尖锐。在新时代医患背景下，医方依旧是权威和专家，但其决策的方式不再是"医学父权主义"思维下的"一言堂"，而是增设了患方的参与、接受着患方的诉求；医方的地位依然神圣而崇高，但患方的平等意识、权利意识也在大幅上升。基于多方主体共同参与的医患冲突预警机制的建立与完善，是构建和谐医患关系的重要手段，更是对于建设社会主义和谐社会、法治社会的深入思考与挖掘。

案 例 分 析

澳门特区应对"天鸽"台风灾害的协同治理机制研究*

叶桂平　王　心　申丽霞**

摘　要：2019年正值中华人民共和国成立70周年、澳门回归祖国20周年，20年来澳门无论在社会还是经济上都取得了长足发展，然而在发展之际更应反思问题以取得社会长久进步。2017年，超强台风"天鸽"突然袭击使澳门遭受巨大损失，可见澳门社会在应对公共危机方面仍存在一定问题。本文围绕提升澳门特区政府与社会各界面对公共危机的处理能力进行研究，针对"天鸽"台风后澳门在公共危机处理中存在的问题开展研究，通过对澳门应急管理机制中的政府主导与公民参与机制进行探究，清晰界定参与主体的权利和责任，从而寻找出澳门特区政府与社会各界人士共同完善应急管理机制、强化公共安全的协同发展之路。

关键词：公共危机；协同治理；澳门

一、引言

2017年，澳门遭受到超强台风"天鸽"的正面袭击，社会、经济造成重大损失。"天鸽"台风是澳门自1953年有台风观测记录以来影响最大、强度最强、危害

---

* 本文系国家自然科学基金和澳门科学技术发展基金联合资助项目"'天鸽'台风后澳门应急决策体系优化的基础问题研究"（科学部编号：7181101039）阶段性成果之一。

** 叶桂平，澳门城市大学协理副校长、教授，主要研究领域：国际关系、葡语国家研究、社会治理、澳门研究。王心，澳门城市大学澳门社会经济发展研究中心副主任、助理教授，主要研究领域：社会治理、治理体系与治理能力现代化研究。申丽霞，澳门城市大学葡语国家研究院博士研究生，主要研究领域：国别研究、社会治理、酒店消费者行为研究。

最严重的一次台风,具有极端性、异常性、突发性和严重性四个主要特点。2017年8月20日,第13号台风"天鸽"出现于西北太平洋上,8月23日中午台风中心掠过澳门南部近海海面,并于12时50分在广东珠海登陆(强台风级,14级,45 m/s)。"天鸽"台风登陆后,强度逐渐减弱,经过广东、广西,进入云南后减弱消失。"天鸽"台风登陆前后,珠海、澳门、香港及珠江口海面和附近岛屿最大阵风达16—17级,局地超过17级,其中珠海桂山岛最大风速66.9 m/s(约240.8 km/h)、澳门大潭山站最大风速60.4 m/s(约217.4 km/h)、香港黄茅洲(岛屿)最大风速84.2 m/s(约303.1 km/h),澳门在风球悬挂期间最大雨量为50 mm。[①]从致灾角度看,"天鸽"台风具有移动速度快、近海急剧加强、登陆强度强和不确定性强等特点。"天鸽"台风自然灾害事件中,澳门共有10人遇难,244人受伤,直接经济损失90.45亿澳门元,间接经济损失35.00亿澳门元。[②]

面对突如其来的"天鸽"台风灾害,在习近平总书记和中央政府的关爱下,在解放军驻澳门部队的鼎力援助下,在广东省等内地有关方面的大力支持下,澳门特区政府携手社会各界,积极部署应对,采取紧急措施,把保障居民生命安全放在首位,为减少人员伤亡和财产损失尽了最大努力,并在短时间内使澳门的社会秩序得到基本恢复。澳门特区政府在灾害发生后,对"天鸽"台风灾害造成的影响与危害进行全面评估与反思,广泛征集并听取社会各界意见和建议,全面总结经验和教训、查找存在问题、明确改善方向,把居民生命财产和公共安全放在首要位置,不断提升澳门公共危机治理的能力和水平。

这次"天鸽"台风正面袭击澳门,对澳门产生较严重的影响,同时也暴露出澳门在公共危机治理中存在一定问题。第一,面对突发的公共危机事件,澳门预防与应急准备不充分,具体表现在应急供水能力明显不足、应急供电保障能力欠缺、应急食品与物资储备不足、公众忧患意识不强。第二,澳门面对公共危机的突发性,其公共危机管理体制机制不健全,主要表现在民防架构统筹协调作用发挥不够、粤港澳应急联动机制不完善、公众沟通与动员机制不健全等。第三,公共危机治理的法律法规和标准不健全,具体表现在政府公共危机治理的预案体系不健全、公民参与公共危机治理的法律体系需要进一步完善。第四,面对公共危机治理的异常性、严重性,可以发现澳门在相关领域的专业技术人才和装备相对缺乏,供水、供电、通信等重要基础设施设防标准低,公共危机治理能力薄弱。

[①] 资料来源:香港天文台"天鸽"台风总结报告。
[②] 资料来源:https://www.dsec.gov.mo/Statistic/Other/Report/823Report.aspx,2019年5月30日访问。

随着社会和经济的不断进步和发展，面对公共危机的不确定性和突发性，对于政府应对公共危机的预防和治理提出了更高的要求。公共危机已不再是单纯依靠政府力量去解决，社会组织、非政府机构、营利企业、社会公众等都是不可或缺的社会力量，在公共危机处理中起到重要的作用。总结"天鸽"台风发生、发展以及给澳门带来的重大损失可以得出，超强台风的发生存在极端性、异常性、突发性和严重性等特点，因此要求特区政府在处理公共危机时需要更短的反应时间、更快的反应速度、更强的应急能力和更规范化的协同治理体系。由于政府的人力、物力、财力等都存在一定的局限性，单靠政府力量无法控制灾害局面，而是需要社会各界的共同努力共克时艰才能减少和应对灾害带来的损失。对于政府而言，如何调动社会各界力量、建立一个多元主体共同参与的协同治理机制体系，从而对公共危机进行共同治理显得尤为重要。

二、公共危机治理的理论基础

（一）治理的概念

英文中的"governance"（治理），源于拉丁文"*gubenare*"，是指控制、引导和操纵。"治理"长期以来与"gorernment"（统治）一词交叉混用。但是，自20世纪90年代开始，西方政治学家赋予了"治理"新的含义，其含义远远超出"统治"的经典意义。詹姆斯·罗西瑙（James Rosenau）在其代表作《没有政府统治的治理》中指出，"治理"与"统治"之间存在着重大的区别，主要体现在统治主要依靠政府机制，但治理的内涵更加丰富，不仅包括政府机制，同时也包括非正式、非政府的机制。而治理思想的出现是源于两个失效：政府统治的失效与市场机制的失效。前者是基于强制权力的"有管理"，后者是基于市场自由的"无管理"。而治理是介于这两种管理模式之间的第三种模式。

（二）公共危机治理的概念

美国学者乌里尔·罗森塔尔（Uriel Rosenthal）将公共危机定义为："对一个社会系统的基本价值和行为准则构架产生严重威胁，并在时间压力和不确定性极高的情况下必须对其做出关键决策的事件。"① 中国学者肖鹏军认为,公共危机即公共性安全危机,是在社会运行过程中,由于自然灾害、社会运行机制失灵而引发的,可能危及公共安全和正常秩序的危机事件。它从生成到消除有一个生命周期,一般经过五个发展阶段,即潜伏期、爆发期、持续期、解决期、善后期。公共危机具有突发性、威胁性、不确定性、紧迫性、破坏性、无序性、潜伏的隐蔽性、传播的公开性、社会性和扩散性等性质。其根本性质是公共性,即其指向的对象是特定区域的所有公民,每个人都是公共危机侵害的对象。其实质是危及公共安全,破坏社会秩序和生存空间,侵犯人身安全和财产安全。公共危机的最大影响群体是普通公民,所以公共危机治理需要取得公民的共识和配合,需要公民重视并团结一致,才能取得实效。②

(三)合作治理模式的有效性

对于公共危机治理中政府治理效能而言,最有效的方法是激活各种富有活力且掌握各种应对公共危机专业技能、信息、资源与物资设备的组织网。充分调动社会各界力量,包括非政府组织、营利机构、社会大众、民间组织等的资源优势,与其形成合作伙伴关系的模式创造的公共价值要大于依靠体制内资源救灾的传统模式。

(四)多中心治理理论的重要性

埃莉诺·奥斯特罗姆(Elinor Ostrom)与文森特·奥斯特罗姆(Vincent Ostrom)认为多中心治理理论的核心是,在私有化和国有化之间存在着多种治理方式,由于各类主体在功能上具有互补性的特征,可以解决资源配置上的矛盾,从而实现公共产品供给最优化。③ 多中心意味着社会治理过程中,并非只有政府,还存在着非政府机构、营利机构以及社会公民等多个决策主体。刘湘顺等指出,多中心治理理论强调多元主体共同参与社会治理,并以合作治理的方式协商合作,灵活地

---

① Uriel Rosenthal, *et al.*, *Coping With Crisis: The Management of Disaster, Riots, and Terrorism*, Charles L. Thomas Publisher ltd., 1989, p. 10.
② 肖鹏军主编:《公共危机管理导论》,中国人民大学出版社2006年版,第10—12页。
③ 谭禹:《多中心治理理论与保障性住房的多元供给》,载《城市问题》2012年第12期。

应变公共服务的多元需求。① 在公共危机治理中，多元主体共同进行危机处理并制定应急管理体系对政府而言显得尤为重要，多元主体共同参与可以更高效、更快速地完成救灾工作，减少社会和经济损失。

（五）协同治理理论的必要性

协同治理理论的提出是为了完善和提升治理的效果，对提高公共危机处理能力有着重要的参考价值。协同治理理论具有三个特点：首先，协同治理不再是单一的政府主体，而是拥有多元化的治理主体。其主体包括政府组织、民间组织、企业、家庭和公民等，这些主体都可以参与公共危机处理。其次，各主体间具有协同性。在公共危机处理过程中，各主体可发挥自身所长，通过自愿平等与协商对话的方式进行合作治理，努力促成多元合作、相互制约监督的共同治理局面。最后，协同治理的最终目的是增进公共利益。各主体在很大程度上需要实现自我治理，自治体系的构成要求减少一些政府的管制，甚至在某些领域需要各主体完全自我治理。但是，这并不代表政府不再重要，而是需要政府起到规则、目标的制定和监管的作用，且最终目的是使公共利益得到不断增进。② 因此，在公共危机治理中协同治理要求多元化的主体发挥自身所长，共同处理公共危机并使公共利益得到最大化。

三、澳门公共危机治理的困境

（一）公民忧患意识薄弱，积极主动性较差

固有的传统参与观念使得公民忧患意识薄弱，公共危机处理仅依靠政府力量难以有效应对。由于澳门多年没有遭遇强台风正面袭击，当"天鸽"台风出现悬挂风球后，澳门社会没有做好准备，缺乏相应的应急响应，对灾害的严重危害认识不足，未及时采取应对措施。澳门社会各界忧患意识薄弱，在危机发生时无法积极参与其中，灾害发生后只能依靠政府力量去解决。

---

① 刘湘顺、李雅莉：《西方治理理论对我国社会治理建设的若干启示》，载《湖南社会主义学院学报》2017年第3期。

② 李汉卿：《协同治理理论探析》，载《理论月刊》2014年第1期。

（二）公众沟通不顺畅，动员机制不健全

多元主体配合不到位，协同治理未达到最佳效果。在危机处理过程中，由于政府与社会各界配合不到位、动员机制不健全，危机处理的时效性没有达到最佳效果。在"天鸽"台风救灾过程中，各种力量统筹协调不足且分工不清晰，在人力调配、物资收集分派、信息沟通等方面存在不足，存在着物资错配、过剩或重复发放的现象。这些现象均体现出澳门政府与社会公众在共同处理危机时，信息沟通不畅、协调治理机制不健全等问题。

（三）法律制度不完善，制度保障不到位

澳门现有的公共危机应对法律法规不健全。澳门应对公共危机处理的相关法律法规较为分散，部分灾害应对的紧急措施，如防疫、对灾民的援助和安置等内容，分散于不同的法律法规之中，在具体适用时需要在执法层面进一步整合，以增强灾害预防和救助相关法律法规的整体性和协调性。澳门已经初步具备了关于紧急状态处置的制度性框架和基本内容，但是还缺乏体系化和协调性。

澳门现有应急预案体系不健全。澳门现有的应急预案体系虽然对紧急情况作了预设，但对于"天鸽"台风造成的灾害后果和救灾困难的叠加，并没有充分估计。在澳门遭遇极具破坏的强台风灾害外，还有风暴潮叠加天文大潮导致的海水倒灌，导致澳门的水、电输送系统受损，停水停电大大增加了救援工作的困难；而台风灾害引发的次生灾害，如城市内涝、救援通路严重阻塞、停水、停电等，在预案中没有提及，现行的应急预案仍有很大的改进空间。

（四）专业人才短缺，专业设备不足

"天鸽"台风灾害应对过程中，由于气象等专业技术人才及装备缺乏，造成危机预报不及时，预警发布后可供澳门社会应急准备的有效时间不够，使得相关专责部门在救灾救援时遇到较大困难。由于专业化救援队伍人员不足，澳门特区政府不得不让纪律部队全面投入救灾工作，长时间的工作使得一些人员身心疲惫，影响了救灾救援效率。技术和装备不足也制约了危机处理工作的顺利开展。

（五）联动机制待完善，协同治理待提升

粤港澳应急联动机制有待完善。粤港澳应急联动机制在"天鸽"台风应对中发挥了一定作用，在事中通报和事后救灾的区域联动较为迅速和有效，但在事前预防、灾害监测预警等工作上缺乏有效沟通。澳门与香港未建立防灾救灾互助机制；《粤澳应急管理合作协议》中的"粤澳信息互换平台"尚未建成；粤港澳三地在突发事件处置过程中的气象信息、口岸信息等方面缺乏有效的沟通合作。

四、澳门特区公共危机协同治理的实现路径

（一）鼓励全民参与，提升公民危机意识和应急能力

公共危机治理不可能由澳门特区政府单独完成，澳门居民力量在公共危机治理工作中发挥着重要的作用，因此建议澳门特区政府把公民参与纳入到公共危机治理计划中，并把公民参与作为重要的合作伙伴。公民参与公共危机治理不仅要注重参与率的提高，还要重视参与的有效性。其一，建议澳门特区政府培育公民参与意识和公共精神，积极引导并鼓励公民主动参与，发挥公民在公共危机治理中的能动性。其二，澳门特区政府可通过培训增加公民危机处理意识和提高危机处理能力，从而协同社会力量共同治理。在协同治理过程中，首先明确政府在公共危机处理工作中的主导地位，其次充分发挥市场机制和社会各主体的重要作用，加强政府与社会力量、市场力量的协同配合，发挥社会各方面的积极性，推动形成政府治理和社会自我调节协同治理的工作合力。

（二）制定标准化应急流程，规范应急管理工作

标准化是统筹协调部门工作、提升工作效率和水平的现实需求。澳门特区政府可根据自身公共危机发生的特点，不断完善澳门应急管理体系，提升应急管理工作的标准化，并依法赋予其强制性和约束力，以促进应急管理工作规范化。此外，技术标准能够为应急管理相关法律法规的执行提供技术支持，同时应急管理标准化是规范应急管理业务工作的内在要求，日常减灾、灾前备灾、灾中救灾和灾后恢复重建等业务工作都需要技术标准的支撑。

（三）健全应急管理体制，提高应急处置效率

建立健全应急预案体系的宗旨是提高突发事件的处置效率。要按照"统一领导、分类管理、分级负责"的原则和不同的责任主体，针对自然灾害、事故灾难、公共卫生事件及社会安全事件等各类突发事件制定或修订应急预案，并统筹规划应急预案体系，做到横向到边，纵向到底。同时要注意各类、各层级应急预案的衔接，特别是部门之间的配合、私人部门与政府的配合。要从最坏最困难的情况做好准备，针对大灾、巨灾和危机等具有破坏性和高度复杂性特点的特别重大突发事件制定预案，做好应急准备工作。同时，加强应急预案管理，广泛开展应急演练，建立应急预案的评估和持续改进机制。

（四）结合高新科技技术，实现智慧化管理

在现有的危机处理能力基础上，澳门特区政府可以通过加强公共安全科学研究和技术开发，采用先进的监测、预测、预警、预防和应急处置技术及设施，充分发挥专家队伍和专业人员的作用，提高应对突发事件的科技水平和指挥能力，避免次生、衍生事件的发生。此外，除了技术水平的提高，治理主体的危机意识也很重要。建议政府加强公共危机处理能力的宣传和培训教育工作，提高公众自救、互救和应对各类突发事件的综合素质。通过提高应急技术水平和澳门公民的危机处理能力，加快应急处理速度，提升应急管理能力，从而达到智慧化管理水平。

（五）大湾区协同治理，共同应对灾害风险

澳门作为粤港澳大湾区的成员，可协同大湾区城市制定应急联动机制共同应对灾害风险，降低灾害带来的损失。制定粤港澳大湾区联动机制，加强应急处置队伍建设，在危机处理过程中，可进行明确分工、统一指挥、高效而有序的救援工作。同时，应急管理机制的制定可充分调动和发挥社区、私人部门、社会团体和义工队伍等的作用，在区域内更快速和合理地调配人力、物力资源，提高澳门的整体危机处理能力。

五、结语

自澳门回归祖国 20 年以来，国家始终重视澳门的发展，支持澳门融入国家发展大局，在澳门社会受到重创情况下积极援助、共克时艰，并在"一国两制"、澳人治澳、高度自治的政策实施下，澳门的社会、经济取得了长足稳定发展。纵观应对"天鸽"台风的过程，澳门特区政府在公共危机治理中主要存在以下问题：公民忧患意识薄弱，积极主动性较差；公众沟通不顺畅，动员机制不健全；法律制度不完善，制度保障不到位；专业人才短缺，专业设备不足；联动机制待完善，协同治理待提升等。澳门特区政府应不断优化澳门的应急管理体系，进一步提高澳门特区政府的执政能力与公信力，改善澳门的治理理念，使澳门融入国家发展大局。